Thomas Laufmöller

Aufruhr!

Thomas Laufmöller

Aufruhr!

Warum wir eine neue Urkirche brauchen

Mit Ralf Isermann

HERDER

FREIBURG · BASEL · WIEN

www.herder.de

Satz: Zero Soft, Timişoara
Herstellung: GGP Media GmbH, Pößneck

Printed in Germany

ISBN Print 978-3-451-39799-8
ISBN E-Book (EPUB) 978-3-451-83486-8

Inhalt

1. Ein Gespräch zu Beginn

Ende September 2023 wurde ich als Priester auf meinen eigenen Wunsch hin, nach reiflicher Überlegung und Reflexion, entpflichtet. Es war der aktiv von mir gesetzte Schlusspunkt eines schon seit Jahren andauernden negativen Prozesses im Bistum Münster. Ich möchte hier nur zwei jüngere Entwicklungen dieses Prozesses erwähnen: 2020 wurde ich gegen meinen Willen versetzt, was in Münster einen Aufruhr auslöste. 2023 bekam ich in den Wochen vor meiner Entscheidung, als Priester aufzuhören, die Nachricht, dass ich meine Stelle als Schulseelsorger verliere – eine Strafe, weil ich ohne Wissen und Einverständnis des Bischofs Felix Genn in eine private Wohnung umgezogen war. Viele Menschen zeigten sich bewegt über die Entwicklungen.

In den vergangenen Monaten habe ich viele Male mit Ralf Isermann über diese Zeit gesprochen. Er lebt in München, ich in Münster – unsere gemeinsame Vergangenheit liegt in Mettingen im Münsterland, wo wir uns in den 1990er Jahren bei der Christlichen Jugend Mettingen begegnet sind, einer örtlichen Gruppe. Die Idee für dieses Buch ist entstanden, als wir uns zufällig in der Zeit meiner Entpflichtung bei einer Silberhochzeit wieder begegnet sind. Wir stehen vielleicht stellvertretend für Konflikte, die gerade viele engagierte Christen in Deutschland mit sich tragen. Ich, der ich als Priester nicht mehr Teil dieses Systems sein konnte, aber dennoch in der tiefen Liebe zu Jesus mein Leben lebe. Ralf, der als Pfarrgemeinderat in München im Ehrenamt viel Zeit für die katholische Kirche aufbringt, aber fassungslos die kirchlichen Entwicklungen der vergangenen Jahre verfolgt. Da er als Journalist viel über Kirchenthemen schreibt und in einer ökumenischen Ehe lebt, bekommt er mit, dass auch in der evangelischen Kirche manches nicht rund läuft. Uns eint die Überzeugung, dass Glauben schön ist. Doch die Kirchen haben viel von dieser Schönheit verloren. Wir wollen, dass der Glaube von Schönheit strotzt. In unseren Telefonaten und Treffen haben wir gespürt, dass uns unsere Gespräche selbst reicher machen – deshalb beginnen wir das Buch mit einem Gespräch.

Ralf Isermann: Thomas, Ende 2020 habe ich das erste Mal nach ein paar Jahren wieder von dir gehört, besser über dich. Und das war damals erstaunlich. Unsere gemeinsamen Freunde aus der Jugendarbeit in Mettingen im Münsterland riefen mich ganz aufgeregt an und sagten: „Ralle, du glaubst nicht, was hier in Münster los ist." Oder: „So viele Leserbriefe zu einem Thema waren noch nie." Damals hatte Bischof Felix Genn angekündigt, dass du aus der St.-Stephanus-Gemeinde in Münster versetzt werden sollst. Mitten in der ersten Hochphase der Coronapandemie, als wir alle nur nach dem Motto „mit Distanz sicher leben" unterwegs waren, hatten die Menschen für dich mehrfach protestiert und demonstriert. Das war ein Aufruhr. Nicht die Proteste gegen die gesundheitspolitischen Maßnahmen waren zu der Zeit die größten Demonstrationen in Münster, sondern die für den Priester Thomas Laufmöller. Das hat mich aus dem fernen München sehr beeindruckt.

Thomas Laufmöller: Da hat dir die Distanz des entfernten Beobachters geholfen. Für mich war es eine der schlimmsten Zeiten meines Lebens. Ich hatte das Gefühl, dass der Bischof mein Lebenswerk und meine geistliche Heimat – das Zusammenspiel einer Pfarrgemeinde mit einer Schule – zerstören wollte. Ich kann und muss das heute so klar sagen. Damals befand ich mich über Monate wie in einem Tunnel, sodass es mir erschien, als würden die Dinge um mich herum einfach passieren. Natürlich sprach ich mit vielen und sagte vieles. In einem Brief bat ich vor Weihnachten 2020 darum, nicht für mich zu demonstrieren. Die Menschen sollten sich auf Advent und Weihnachten freuen, sie sollten das feiern können, das war mir wichtiger. Es wurde aber trotzdem demonstriert. Das Argument: Die Versetzung wurde ja auch zum Advent hin, genau in dieser friedlichen Zeit, öffentlich gemacht. Da hatten die Organisatoren recht. Aber noch einmal: Wenn ich an den damaligen Aufruhr denke, kann ich sagen, es hat mich sehr bewegt und zutiefst berührt. Aber ich war auch schwer von dem getroffen, was der Bischof entschieden hatte. Es wurde nicht auf Augenhöhe und erst recht nicht auf Herzenshöhe mit mir gesprochen. Das war traumatisierend. Ich habe sehr viele Gespräche geführt und professionelle Begleitung stärkend in Anspruch genommen, um durch diese Zeit zu kommen.

Ralf Isermann: Aus meiner Distanz als Beobachter möchte ich einen weiteren Eindruck teilen. Ich berichte als Journalist viel über kirchliche Themen, seit vielen Jahren. Aber mir ist selten so ein Aufruhr zu Ohren gekommen. Und wenn doch einmal in anderen Bistümern die Menschen bei einer Priesterversetzung protestierten, dann war immer irgendwas gründlich schiefgegangen. Und zwar meistens auf Seiten der Menschen mit der Macht, in diesem Fall also beim Bischof und seinen Leuten. Aus der Ferne sah es für mich so aus, dass ein sehr beliebter Priester im treu-katholischen Münster versetzt wird und der Bischof nicht wirklich erklären kann warum eigentlich.

Thomas Laufmöller: Er hat es auch nie geschafft, es richtig zu erklären. Es gab Versuche, die sich im Laufe der Zeit veränderten – sie wurden angepasst an das, was man zum jeweiligen Zeitpunkt der Aussage für sinnvoll hielt. Das macht es auch bis heute so schwer. Unsere katholische Kirche – ich bin ja dabeigeblieben – predigt Wahrhaftigkeit. Ich finde Wahrhaftigkeit wunderbar. Darum geht es auch im Leben. Aber warum hat dann die Kirche so ein Problem damit? Das zieht sich wie ein roter Faden durch. Mein Beispiel ist nur ein ganz kleines. Rede mit einem Missbrauchsopfer. Zuerst kommt der zerstörerische Missbrauch. Darauf folgt der Umgang der Kirche damit, der aus der Sicht der meisten Opfer mindestens genauso zerstörerisch ist – weil so oft Ehrlichkeit und Transparenz fehlen. Das ist auch nach all den Aufarbeitungsversuchen der Bistümer nicht gelungen. Rede mit Beteiligten an Reformprozessen wie dem Synodalen Weg. Die bringen sich mit bestem Willen ein und laufen ständig gegen die Wand – weil sie in letzter Konsequenz keine Entscheidungsbefugnis haben und die Machtfrage wichtiger ist als die Inhalte. Fast immer setzt sich die Macht durch.

Ralf Isermann: Weißt du, worüber ich bis heute bei deiner Auseinandersetzung in Münster schmunzeln muss, auch wenn das Ganze alles andere als lustig war? Das Bistum hat damals das Engagement deiner Gemeindemitglieder als Zentrierung auf eine Person kritisiert. Die Bistumsleitung stichelte, in St. Stephanus stehe ja nicht Jesus im Mittelpunkt, sondern Laufmöller. Das Lustige an dieser Kritik hängt im Schlafzimmer meiner Eltern. Sie hatten vor ein paar Jahren goldene Hochzeit. Und dazu bekamen sie eine Urkunde des Bistums, die sie sich in diesem Schlafzimmer aufhängten. Bis zum Tod meines Vaters und dem Umzug meiner Mutter in eine Seniorenunterkunft konnten sie von ihrem Ehebett aus jeden Tag direkt darauf schauen. Aber was steht nun im Mittelpunkt dieser Urkunde? Die Lebensleistung meiner Eltern als Ehepaar? Ein frommes Wort? Ein guter Gedanke? Nein, diese Urkunde besteht zu gefühlt zwei Dritteln aus einem Foto von Bischof Felix Genn. Als Genns Vorgänger Reinhard Lettmann 1980 Bischof von Münster wurde, gab es in der Kirchenzeitung übrigens ein Poster von ihm – ich habe es mir als Achtjähriger tatsächlich eine Zeitlang aufgehängt, da hing er neben Fußballmannschaften und Bands in meinem Kinderzimmer.

Thomas Laufmöller: Ralle, über deine kindliche Popstar-Verehrung für einen Bischof lachst du ja im Nachhinein selbst. Ich bin tatsächlich an solchen Punkten schon früh müde geworden, etwas zu sagen. Im Hochgebet wird bis heute jeden Sonntag in fast allen Gemeinden für den Papst und den Bischof gebetet. Warum?

Ich habe meist darauf verzichtet. Aber ja, der Vorwurf, dass es in St. Stephanus nur um Laufmöller und nicht um den Glauben ging, wird mit solchen Anekdoten natürlich entlarvt. Wir waren in St. Stephanus einfach eine starke Gemeinde, für mich hatte es etwas Familiäres. Dann sollte ich gegen meinen Willen gehen und wurde am Ende zwangsversetzt – das führte zum Aufruhr. Inzwischen löst die Erinnerung an diesen chancenlosen Kampf bei mir Müdigkeit aus, aber auch Mut, weil es ungerecht ist, und wo Ungerechtigkeit herrscht, da muss man immer aufstehen. Christlich war und ist so ein Vorgehen nicht.

Ralf Isermann: Ich komme ja aus einer progressiven Jugendarbeit mit vielen Elementen der „Kirche von unten". In unserem Dorf Mettingen bauten wir in der zweiten Hälfte der 1980er Jahre mit Hermann-Josef „Mofi" Morgret die Christliche Jugend Mettingen auf und hatten da durchschlagenden Erfolg. Die Gruppenstunden und Fahrten wurden sehr gut angenommen. Wir arbeiteten mit neuen Formen der Liturgie, hatten etwa einen Gottesdienst auf der alten Orgelbühne des Kirchturms, wo jeden Dienstagabend viele Jugendliche in sehr freier Form Messe feierten. Die Konservativen empfanden das als zu beliebig. Nach dem Motto, die bauen sich ihren Glauben selbst zusammen.

Thomas Laufmöller: Es ist mit der Beliebigkeit genau wie mit dem Personenkult. Wenn Menschen in der katholischen oder auch der evangelischen Kirche etwas verändern wollen, kommt ganz oft der Vorwurf der Beliebigkeit. Der Glaube werde zurechtgezimmert, heißt es dann. Solche Vorwürfe sind Totschlagargumente, denn der Konservative wird immer Recht bekommen. Er beruft sich auf geltendes Kirchenrecht oder den Katechismus. Aber ausgeblendet wird, dass die Kirche sich in ihrer Geschichte immer und immer wieder verändert hat. „Ecclesia semper reformanda", Kirche muss sich immer wieder erneuern, heißt es völlig zu Recht. Im Moment scheinen viele der Entscheidungsträger davor Angst zu haben,

Angst wahrscheinlich auch vor dem damit verbundenen Machtverlust – anders kann ich mir das nicht erklären.

Ralf Isermann: Inzwischen ist es ein Jahr her, dass du den Priesterdienst ganz quittiert hast (zum 30.9.2023). Viele Menschen machten danach in Briefen ihrer Trauer und Wut Platz. Du bist entpflichtet worden, so ist der formal-rechtliche Begriff. Die letzte Heilige Messe war die diamantene Hochzeit deiner Eltern, ein wirklich bewegender Gottesdienst in deinem Heimatort Enniger-loh mit Tränen, mit Lachen, mit spürbarer Liebe. Du bist als Priester entpflichtet, aber du wirst immer Priester sein und bleiben und auch weiter zölibatär leben, hast du da gesagt. Wie geht so ein Leben als Seelsorger ohne Kirche?

Thomas Laufmöller: Darum geht es ja auch in unserem Buch. Viele, die in den vergangenen Jahren teils mit großem Aufsehen in der römisch-katholischen Kirche in Deutschland aufgehört haben, haben einen harten Bruch vollzogen. Sie sind ganz aus der Kirche ausgetreten. Eventuell sind sie in eine andere Kirche wie die altkatholische gewechselt. Oder sie haben gleich mit ihrem Amt den Glauben aufgegeben. Ich möchte nichts zerstören. Ich möchte, dass wir weiter nach unseren Wegen des Glaubens suchen, dass wir den Glauben in Gemeinschaft leben. Gerne auch in der römisch-katholischen Kirche. Oder in der evangelischen Kirche. Oder der altkatholischen oder einer anderen. Aber ich möchte an all die glaubenden Menschen appellieren, diese in der heutigen Gestalt der Kirche erdrückende Schwermut überkommener Strukturen und Machtverhältnisse beiseitezuschieben. Die Kirche hat ihre Schönheit verloren. Jetzt ist es an uns, das wieder zu ändern. Wir brauchen eine neue Urkirche. Und wie ich das meine, erzählen wir hier.

Ralf Isermann: Ist das nicht anmaßend, wenn der „kleine" ehemalige Pfarrer hier auf die großen Entwicklungen guckt und Ratschläge erteilt?

Thomas Laufmöller: Ich habe mir das auch gedacht, dass hier jetzt der kleine unbedeutende Dorfpfarrer die großen Worte schwingt. Aber ich bin vom Leben Jesu fasziniert. Ich möchte sein Leben in Erinnerung halten. Mir ist es wichtig, die Einzigartigkeit dieses Mannes aus Nazareth herauszustellen und deutlich zu machen, welch großen Gewinn sein Leben bewirkt hat und noch immer bewirkt. Wenn ein Mensch ganz aus der Liebe lebt, wenn er in einzigartiger Weise Versöhnung und Freiheit in die Welt getragen hat, dann muss man das bewahren, weitergeben, selbst daraus leben. Ist das anmaßend, davon zu erzählen?

2. Eine Implosion voll Wehklagen – wie die Volkskirche verschwunden ist

Aus meiner heutigen Perspektive würde ich sagen, dass die 1990er Jahre die Jahre einer späten Blüte kirchlichen Lebens in Deutschland waren. Einer wunderschönen Blüte! Wie lebendig vieles war. Wie kreativ viele waren. Wie bunt, wie fröhlich, wie liebevoll. Es war die letzte große Blüte.

Einen Höhepunkt dieses meines Schwärmens erlebte ich in Recklinghausen in der Liebfrauenkirche, meiner ersten Kaplanstelle. 1994 durfte ich dort gleich an meinem ersten Heiligen Abend die Messe um 18 Uhr feiern. Das war immer der „Kaplans-Gottesdienst". Ein bisschen musste ich staunen, als der Pastor Ludger Bley sich zum Weihnachtsgottesdienst in die Bänke zu den Gläubigen setzte. Er hätte sich zu Hause noch vor der Christmette ausruhen können, er hätte mit mir zusammen am Altar feiern können. Doch Ludger lächelte nur und schüttelte den Kopf. Und dann erzählte er von einem Heiligabend, bei dem nach dem „Kaplans-Gottesdienst" das Telefon bei ihm nicht mehr stillstand. Einige Gottesdienstbesucher beschwerten sich, weil ihnen angeblich das ganze Fest kaputt gemacht worden sei. Was war passiert? Einer meiner Vorgänger hatte mit Jugendlichen das Thema „Eine Welt" vorbereitet. Tenor war damals schon, wie sehr wir Menschen in den reichen Industrieländern die Menschen in den armen Ländern ausnutzen und auf deren Kosten leben. Weder die Jugendlichen noch der Kaplan nahmen ein Blatt vor den Mund und verkündeten ihre Meinung, gedeckt von der Bergpredigt: „Selig sind die Armen, denn ihnen gehört das Himmelreich." Wie eindeutig diese jungen Menschen waren. Wie frei und mutig. Sie hatten genau dies aus dem Evangelium herausgelesen und brachten es nun unters Kirchenvolk – das etwas verstört in den Bänken saß, weil nach dem Gottesdienst unterm Christbaum schon der neue Fernseher, die neue Perlenkette, die neue Carrerabahn warteten. Ich wette, Sie sind schon seit Jahren nicht auf solch eine Weise herausgefordert worden von einem Gottesdienst wie damals die Weihnachtsgottesdienst-Besucher in Recklinghausen.

Die frohe Botschaft hat Konsequenzen – das darf auch einmal gesagt werden. Denn es geht ja schließlich darum, nicht lau zu sein, nicht mit Wattebäuschen zu werfen. Was das Besondere an Pastor Ludger Bley war: Trotz seiner Erfahrungen machte er mir keine Vorgaben für den Heiligabendgottesdienst. Ich hätte die Gemeinde mit meinem Vorbereitungsteam aus Jugendlichen genauso provozieren können, ich hatte dazu freie Hand. Ich denke, Ludger wird froh gewesen sein, dass es nach meinem ersten Heiligen Abend in Recklinghausen keinen Ärger aus der Gemeinde gab. Er war, glaube ich, auch schlicht froh, dass er sich nicht um die Jugendarbeit kümmern musste. Aber wie stark ist es dann doch, wenn man so tolerant ist, jemand anderen voller Vertrauen und Zutrauen gewähren zu lassen. Und da steht sie, die Frage: Was ist aus dieser Gabe geworden?

Ich weiß, der Rückblick in die jungen Jahre hat oft eine schwärmerische Note. Und ich will mein Schwärmen gar nicht verhehlen. In meiner Station in Schermbeck bei Wesel erlebte ich als junger Diakon und Kaplan praktisch ein offenes Haus. Es war total lebendig. Wir bauten mit Jugendlichen Kanus. Ein älterer Schlosser half uns, die Boote zu bauen – das war ein Zusammenspiel von Jung und Alt. Die Freizeitgestaltung war Gemeindearbeit. Ganz ähnlich war es, als ich dann in Recklinghausen war. Da war es der Jugendchor, der eine starke Einheit in der Gemeinde bildete. Ich konnte es mir erlauben, im Jugendchor einfach mitzusingen, ich war ein Teil der Gemeinschaft, losgelöst von meinem Kaplansamt. Das war eine wunderbare Gelegenheit, mit den jungen Menschen in Kontakt zu treten. Und es konnte schon einmal passieren, dass ich bei der Probe mit dem Nachbarn sprach und dann einen Anpfiff bekam – wie war das schön!

In Schermbeck hatten wir einen Pfadfinderstamm, und als Geistlicher gehörtest du mit dazu. Alles war von einer solchen Lebendigkeit erfüllt, das war ansteckend. Im Ort gab es einen Lastwagenfahrer, der immer seinen Urlaub investierte, um den Pfadis die Baumstämme zu ihren Lagerplätzen zu bringen, die sie für die Zelte brauchten. Der Mann war um die vierzig oder fünfzig Jahre alt – auch hier also ein Zusammenwirken von Jung und Alt, das sich damals einfach entwickelte. Und das heute vielerorts schmerzlich vermisst wird. Ein anderes Erlebnis hatte ich in Mettingen, meiner letzten Kaplanstelle. Da herrschte in Teilen der Jugend eine Aufbruchstimmung, die von ihrer Frische her an die 1968er-Bewegung erinnerte. Jeden Dienstagabend feierten wir auf einer alten Orgelbühne im Kirchturm einen freien Gottesdienst. Ein bisschen wie in Taizé, mit vielen meditativen Phasen. Aber auch mit der Möglichkeit, dass sich jede und jeder im Gebet zu Wort meldet. Was für eine Stimmung! So unbeschwert und frei. Aus diesen jungen Leuten entstand eine Energie, die im wahrsten Sinne mitreißend war. Das gipfelte darin, dass sie irgendwann die Kirchenbänke umgebaut hatten. Vorher schaute man immer stur geradeaus auf den Altar der Agatha-Kirche. Nach dem Umbau war die ganze Sitzordnung neu gruppiert. Auf einmal saßen sich die Menschen gegenüber und sahen sich ins Gesicht. Das Schönste daran: Die Gemeinde liebte es. Es wurde Geld in die Hand genommen, der Altarraum wurde umgebaut, und so schuf man eine ganz neue Atmosphäre. Ausgelöst von Jugendlichen, die mit Leidenschaft ihren Glauben lebten – wer das heute erzählt, erntet in vielen Gemeinden nur ungläubiges Staunen. „Jugendliche, wo sind die bitte?“, heißt doch das gängige Klagen.

Zu der von mir so empfundenen letzten Blüte der Kirche in den 1990er Jahren gehört unbedingt auch das Kirchenvolks-Begehren. Natürlich habe ich dort unterschrieben. Ich lebte noch in Recklinghausen, und das Engagement der Unterstützer war groß.

Es war ein bisschen wie im Heiligabendgottesdienst mit den Jugendlichen. Mutige, eindeutige, überzeugte Gemeindemitglieder gingen vor die Kirche und sammelten Unterschriften. Ihnen gegenüber viele Menschen, die sich überrumpelt und gestört fühlten. Die vielleicht auch Angst hatten, dass sich etwas verändern könnte. Wir hatten in der Jugendarbeit einen Text, der das wunderbar karikierte. Sinngemäß ging der so: Frag tausend Katholiken, was das Wichtigste an ihrem Glauben ist. Sie werden sagen: die heilige Messe. Frag tausend Katholiken, was das Wichtigste an der heiligen Messe ist. Sie werden sagen: die Eucharistie. Frag tausend Katholiken, was das Wichtigste an der Eucharistie ist. Sie werden sagen: die Wandlung. Sag tausend Katholiken, dass sie sich wandeln sollen. Sie werden weggehen, zetern und schimpfen ... So ging es jedenfalls manchen, die von den Unterschriftensammlern angesprochen wurden. Aber längst nicht allen.

Schon damals gab es bei vielen Gläubigen den Wunsch nach deutlichen Veränderungen in der Kirche. Mehr als 1,8 Millionen Unterschriften wurden 1995 gesammelt, davon von 1,5 Millionen Katholikinnen und Katholiken. Heute gehen am Sonntag nur noch etwa 1,2 Millionen Menschen in Deutschland in katholische Gottesdienste. Ich war bei Weitem nicht der einzige Priester, der unterschrieb. Aber es waren doch wohl mehr Priester, die nicht unterschrieben.

Den genauen Inhalt des Kirchenvolks-Begehrens werden die wenigsten noch kennen. Bei mir sorgen der Inhalt und vor allem der Auslöser der Unterschriftensammlung im Nachhinein auch heute für ein gewisses Schaudern. Auslöser waren Missbrauchsvorwürfe gegen den Wiener Kardinal Hans Hermann Groër. Inhalt waren fünf Forderungen: 1. Aufbau einer geschwisterlichen Kirche. 2. Volle Gleichberechtigung der Frauen in allen kirchlichen Ämtern. 3. Keine Bindung des Priesteramts an den Zölibat. 4. Positive Bewertung der Sexualität und Anerkennung der verantworteten Gewissensentscheidung. 5. Frohbotschaft statt Drohbotschaft.

Kommt Ihnen das bekannt vor? Ich lese zumindest im Groben die Linien des Synodalen Wegs darin, der auch die Sexualmoral diskutiert oder den Pflichtzölibat abschaffen will. Und „Drohbotschaft“ ist doch irgendwie mit dem Problem des Machtmissbrauchs verbunden, den die Synodalen diskutiert haben. Hätte die Kirche nur auf die Kirchenvolksbewegung von 1995 gehört, es wären ihr viele, viele Probleme erspart geblieben. Aber was ist tatsächlich passiert? Das Kirchenvolks-Begehren ist gescheitert. Der Synodale Weg kämpft, getragen von bewundernswert engagierten Ehrenamtlichen, einen harten Kampf gegen manche deutsche Bischöfe und gegen die Kurie in Rom, der von Maßregelungen durch den Vatikan gekennzeichnet ist.

Was mich im Rückblick auf das Kirchenvolks-Begehren am meisten betroffen macht, ist der Umgang mit den Vorwürfen gegen Kardinal Groër. Auch da wurde zunächst so lange wie nur irgendwie möglich vertuscht, um den Missbrauchstäter zu schützen, vor allem aber um die katholische Kirche zu schützen. Im Fall Groër und im anschließenden Kirchenvolks-Begehren war all das angelegt, was wir mit unserem Missbrauchsskandal in Deutschland ab 2010 noch einmal genauso erleben mussten. Es werden die Täter und die Institution geschützt. Bischöfe helfen dabei mit, während der Staat die Kirche in skandalöser Weise gewähren lässt – so mein Eindruck.

Sie merken, ich rede mich in Rage. Und ich kann mich auch in Rage reden, wenn ich an die Anfang 2024 vorgestellte Missbrauchsstudie der evangelischen Kirche denke. Was für ein Kunststück den Verantwortlichen da gelungen ist: Jahrelang sahen sie sich das verstörend schleppende Aufklären der Katholiken an, um dann von den Erstellern der Studie bestätigt zu bekommen, dass ihre eigene Aufarbeitung trotz der Erfahrungen der Katholiken noch viel schleppender verlief. Um Himmels willen! Die Kirchen erleben eine Implosion voll Wehklagen. Die Implosion ist das, was wir jetzt aktuell erleben. In den Jahren davor war es ein langsames Schleifen der Kirchen durch immer höhere Austrittszahlen und die demografische Entwicklung. Doch jetzt gerade bricht alles weg.

Das nennt man einen Kipppunkt oder Tipping Point (bekannt aus der Klimadebatte). Aus einem linearen Abfall wird plötzlich ein rasanter, irreversibler Abbruch. Obwohl so viele Mitglieder schon ausgetreten sind, steigen die Austrittszahlen noch weiter. Und wie die Kirchenmitgliedschaftsuntersuchung der beiden großen Kirchen 2023 gezeigt hat, gibt es selbst unter den verbliebenen Christinnen und Christen etliche, die der Obrigkeit überhaupt nichts mehr glauben. Selbst Menschen, die im hohen Alter sind, distanzieren sich vom Status quo der Kirche. „Das ist doch nicht mehr zeitgemäß. Irgendwann bricht alles zusammen!“, sagte mir kürzlich während eines Gesprächs im Altenheim eine 98-jährige Frau. Irgendwann ist ein System so überspannt, dass eine weitere Störung zu bedeutenden, irreversiblen Veränderungen führt. Es ist zu befürchten, dass ein solcher Kipppunkt innerhalb der deutschen Kirche bald erreicht sein könnte und zu einem Zusammenbruch der Institution führt.

Das ist also die Implosion. Das Wehklagen ist der Umgang damit. Über Jahrzehnte, über Jahrhunderte konnten die Kirchen nicht nur in Deutschland vor Kraft kaum laufen. Ihre Macht war weltlich, davon konnten jeder Bürgermeister und jeder Landrat ein Lied singen, auch die meisten Bundestagsabgeordneten. Wenn aber heute wichtige gesellschaftliche Fragen verhandelt werden wie der assistierte Suizid oder die Regeln für die Abtreibung, melden sich die Kirchen zwar, sie werden aber kaum noch gehört. Das löst dann hilflose Reaktionen aus.

Doch auch in vielen Kirchengemeinden herrschen Hilflosigkeit und Wehklagen. „Wo bleiben die Jugendlichen?“, „Schon wieder wird ein Gottesdienst gestrichen“, „Wir werden immer weniger“. Solche Sätze werden vermutlich alle, die noch in Kirchengemeinden unterwegs sind, bereits gehört oder selbst gesagt haben. Ich fordere: Nehmt beides zur Kenntnis, die Implosion und das Wehklagen. Aber macht dann weiter, als wäre nichts gewesen. Die Implosion der Kirchen könnt ihr nicht stoppen. Es lohnt nicht, sich daran abzuarbeiten. Das Wehklagen ist so ein pessimistischer Grundsound. Als Christ oder Christin brauchen wir den doch nicht, denn uns ist Hoffnung geschenkt und Freude. Ich verstehe, wenn Veranstaltungen eingestellt werden, weil zu wenige Menschen kommen oder weil sich zu wenige Ehrenamtliche für die Vorbereitung finden. Aber deswegen muss doch niemand grundsätzlich den Kopf in den Sand stecken.

Auch ich bin im Laufe meiner dreißig Priesterjahre nicht von diesen allgemeinen Entwicklungen verschont geblieben, auch wenn wir bis zu meinem Ausscheiden vergleichsweise volle Gottesdienste hatten. Mein Ansatz war es, diese emotionale Sicht auf die Veränderungen zu vermeiden. Stattdessen suchte ich nach objektiven Kriterien, warum eine Gemeinde schrumpft. Wie viele Menschen feiern noch Gottesdienst? Wie viele Erstkommunionen und Firmungen finden statt? Wie viele Menschen lassen sich im Umfeld der Gemeinde verorten? Wer taucht punktuell noch auf? Wer zahlt Kirchensteuer und erwartet dann als Gegenzug zu besonderen Anlässen wie Hochzeit oder Beerdigung eine Serviceleistung? So differenziert lässt sich ja eine Gemeinde betrachten. Und wenn sich etwas verändert, kann ich vor Ort, in meinem Umfeld nach Antworten suchen. Die passen dann auf die Situation vor Ort, das lässt sich nicht generalisieren.

Zuerst kommt die Anthropologie, dann die Theologie: Nur wenn ich die Menschen kenne, weiß ich, was ihre Seelen brauchen. Nehmen wir die Erstkommunion. Ich kann eine Erstkommunion einfach mit einem festen Programmablauf durchziehen. Am Tag X findet dieses Treffen statt, am Tag Y jenes, zwischendurch halten wir drei gemeinsame Gottesdienste, und dann kommt auch schon die Erstkommunion. Ich kann aber auch nah heranrücken und versuchen, möglichst viele Kinder tatsächlich beim Namen zu nennen. Ich kann mit den Kommunionmüttern und -vätern sprechen. Und dann passiert plötzlich etwas. Dann bekomme ich zum Beispiel mit, was die Kinder gerade beschäftigt. Dass da zum Beispiel ein großer Streit in der Klasse war. Und wenn ich das weiß, kann ich es am Sonntag im Gottesdienst aufgreifen und aus der Bibel heraus eine Antwort auf die Fragen der Kinder wegen dieses Streits geben. Wo bleibt mehr hängen, in der Konzept-Kommunionvorbereitung oder in der anthropologischen? Wir hatten hinter der Kirche in St. Stephanus in Münster eine Wiese, da spielte ich ganz oft nach dem Gottesdienst mit den Kindern Fußball. Einfach mal wild kicken. Und ich kannte die Kinder alle beim Namen, und sie kannten mich. Das war wichtig.

Ein anderes Beispiel sind die ehrenamtlichen Gremien. Eine Gemeinde hat einen Pfarrgemeinderat, in dem besprochen wird, was vor Ort gerade los ist. Das kann Kleinkram sein, und es kann auch sein, dass das Gremium überaltert ist oder Veranstaltungen nicht mehr funktionieren. Dennoch weiß dieses Gremium, wie das Herz der Gemeinde schlägt. Und es entstehen ganz oft neue Ideen. Eine Adventsbesinnung wird von Laien vorbereitet und gestaltet, von der Jugend ein Wohltätigkeitsball, und man initiiert eine Fahrt für Familien oder für Senioren. Was aber machten die Bistümer in den vergangenen Jahren? Eine Fusion nach der anderen. Und genau durch diese Fusionen wurde alles immer größer und dadurch immer anonymer. Das betrifft auch die ehrenamtlichen Gremien. Plötzlich soll ein Pfarreirat oder Pfarrverbandsrat überlegen, was ehrenamtlich in einem Sozialraum gemacht wird. Es geht nicht mehr um die gewohnte Gemeinde, sondern um große Gebiete. Kräfte sollen gebündelt und Ressourcen optimiert genutzt werden, heißt es dann immer. Das werde entlasten, wird behauptet. Theoretisch klingt das gut. Aber praktisch?

In einem großen Gemeindeverbund bringt jede Gemeinde ihre eigenen Vorstellungen ein. Kommt dann ein neuer Vorschlag, wird er hin und her gewogen. Aus Sicht der anderen Gemeinden werden Nachteile benannt, es wird immer länger gesprochen, und am Ende ist ganz oft die Kreativität der Ursprungsidee verpufft. Bin ich jetzt der Pessimist und Skeptiker? Nein, ich habe das selbst dutzendfach erlebt. Und wenn ich mit den Menschen spreche, höre ich das überall. Zunahme bürokratischer Maßnahmen = Abnahme pastoraler Tätigkeiten – das ist eine Gleichung modernen Kirchenlebens. Eine Gleichung, die negativ aufgeht.

Wenn ich aber einen Nachteil der größer werdenden Einheiten benennen soll, der mir besonders aufgefallen ist, dann ist es noch nicht einmal die Anonymität. Es ist der Dirigismus von oben. Das ist eine Erscheinung, die meiner Beobachtung nach in der Spätphase von Johannes Paul II. begann. Ich habe einmal das Wort gelesen: „Unter Papst Johannes Paul II. waren die Bischöfe keine Bischöfe mehr, sondern Generalvikare des Papstes." Das heißt, der Papst entscheidet, die Bischöfe haben auszuführen. In den großen Gemeindeverbünden erlebe ich das ähnlich. Der Pfarrer ist da nicht mehr der Hirte vor Ort. Der Bischof entscheidet, und der Pfarrer hat auszuführen. Das ist eine Implosion der Vielfalt, eine Implosion des guten Gemeindelebens, der Kreativität. Und es ist leider auch das genaue Gegenteil von dem einst so aufblühenden „Geist des Zweiten Vatikanischen Konzils".

3. Der vermeintlich Heilige Rest ist konservativ

Zu der von mir beschriebenen Blüte der Kirchen in Deutschland in den 1990er Jahren gehört noch ein zweites Phänomen. Leider. Denn in der Zeit begann auch der Konservativismus zu erblühen. Nicht durch die vielen damals allmählich alt werdenden Priester der Kriegs- und Nachkriegsgeneration. Nein, das geschah durch junge Priester. Und sie wurden die Vorreiter einer Entwicklung, die heute stärker ist denn je.

Aber zunächst mal zurück zu den 1990er Jahren. Ich war in dieser Zeit etwas mehr als dreißig Jahre alt. Und im Nachhinein muss ich sagen, ich war von einer zutiefst jugendlichen, gutgläubigen Naivität. Warum auch nicht? „Meinem Gott will ich singen und spielen, solange ich lebe", sagt Psalm 146. Manch einer mag die Vorstellung, diesen Psalm konkrete Wirklichkeit werden zu lassen, albern finden. Gerade diejenigen, die Glauben mit Strenge gleichsetzen – streng gläubig, wie es heißt –, dürften mit dem Satz wenig anfangen können. Spielen und Singen ist doch Kinderkram. Fron, Fleiß, Entbehrung. So leben zumindest jene Strengen. Ich aber lebe bis heute mein Priestersein auf diese spielende, singende Weise, ob ich nun entpflichtet bin oder nicht. Die jugendliche, gutgläubige Naivität trug und trägt mich, und sie bringt mich bis heute ganz nah an Menschen heran. Dieser krasse Gegensatz zwischen Spielen und Singen und dem strengen Glauben ist wichtig zu erläutern, um nachzuempfinden, was auf meiner nächsten Station in Mettingen im nördlichen Münsterland passierte.

Bis zu meinem Umzug von Recklinghausen dorthin kannte ich Kirche als Einheit in Vielfalt, bis dahin galt an allen meinen Stationen das Motto der „versöhnten Verschiedenheit": Der eine ist konservativ, der andere liberal, der nächste links-alternativ –

doch alle können mit der nötigen Toleranz gut miteinander leben. Dieser Gedanke der versöhnten Verschiedenheit wurde nun massiv angegriffen. Ich glaube inzwischen, dass ich damals ein früher Zeuge des allmählich entstehenden neuen Konservativismus in der katholischen Kirche geworden bin. Ich möchte an dieser Stelle kein Missverständnis entstehen lassen: Die Gemeinde St. Agatha in Mettingen und ihre Gläubigen waren vom Geist der versöhnten Verschiedenheit getragen, wie ich ihn kannte und schätzte. Kurz vor meiner Versetzung nach Mettingen wurde allerdings aus Münster als Nachfolger des verstorbenen langjährigen Pastors Johannes Sandhofe ein Priester nach Mettingen versetzt, der viele Jahre am Bischofsstuhl gewirkt hatte. Er kam drei Monate vor mir nach Mettingen. Drei Monate, das sind eigentlich die hundert Tage Schonfrist, die jedem bei einer neuen Aufgabe zugebilligt werden. In dieser Zeit hätte er sich gut mit den Menschen und den Gepflogenheiten vertraut machen und sein eigenes Konzept für diese traditionsreiche Gemeinde entwickeln können. Er hatte aber leider nicht den Willen, mit wesentlichen Weichenstellungen auf eine Absprache mit mir zu warten. Und die Weichenstellungen waren so, dass sie mich erschütterten.

Der Hauptgottesdienst am Sonntag wurde auf seine Weisung hin nun wieder mit zwei Lesungen und den entsprechenden vorgesehenen Gesängen zelebriert. Das Weihrauchfass wurde wieder jeden Sonntag eingesetzt und geschwenkt. Er hatte sogar vor, statt wie bisher eher bescheiden aus der Sakristei im linken Seitenschiff der Kirche einzuziehen, Priester, Lektoren und Messdiener in einem großen Einzug von hinten durch die Kirche kommen zu lassen. Jeden Sonntag. Nicht nur zu Ostern oder Weihnachten. Der neue Priester sagte: „Die Gläubigen kommen auch durch diese Tür in die Kirche, und so machen wir das auch." Meine Antwort war: „Dann aber auch nicht mit Pauken und Trompeten und Orgelspiel, sondern schlicht und einfach, so wie die Menschen am Sonntag den Kirchenraum betreten." Sie merken, wie viel Streitpotenzial von Anfang an hier war. Früher sagte man, „die Messe wird gelesen". Eigentlich hielt ich das für überwunden. Doch in Mettingen erlebte ich zum ersten Mal, dass jemand wieder für die Gemeinde die Messe lesen wollte, anstatt sie mit ihr zu gestalten. Eine Renaissance des Alten – ich empfand diese Entwicklung als reaktionär. Wo blieb da der freie Geist des Zweiten Vatikanischen Konzils?

Ich wollte nicht mit diesen Menschen und erst recht nicht mit meinen eigenen Erfahrungen so arbeiten, wie von mir von meinem Chef verlangt wurde. Mir abverlangt wurde, besser gesagt. Ich hatte in meiner Kindheit in Ennigerloh erlebt, wie die Sonntagsmessen von Pfarrer Clemens Sievert liebevoll gestaltet wurden. Das Hochgebet von Piet Janssens wurde gesungen, man flocht sekundäre Texte ein, der Text des Evangeliums wurde in die Aktualität gestellt und interpretiert. Das war gestaltete und nicht gelesene Liturgie. Was hier in Mettingen der neue Pastor praktizierte und auch von mir verlangte, empfand ich als Verrat an meinen Idealen. Und ich wollte diese Art der Messfeier nicht übernehmen. Ich wäre meiner eigenen Wahrhaftigkeit untreu geworden, das hätte auch jeder und jede in den Kirchenbänken gespürt.

Um aus diesem Dilemma herauszukommen, drückte ich mich so gut es ging um den Hauptgottesdienst und feierte lieber zu anderen Zeiten die Messen. Aber ich konnte nicht immer fliehen. Mein Vorgesetzter hatte seine Vorstellung. Er spielte seine Macht aus und ordnete an, was ich zu tun hatte. Wie hilflos ich mich noch heute bei dem Gedanken daran fühle, wie verzweifelt, wie traurig. Der Pfarrer hätte doch die Messe so feiern können, wie er es für richtig und authentisch hält. Das gehört für mich zur Einheit in Vielfalt dazu. Ich kann seinen Konservativismus tolerieren. Und natürlich fand der neue Pastor auch Gläubige, die diese alte Liturgie mochten. Aber warum musste er mich dazu zwingen? Warum musste er die Einheit in der Vielfalt mit Füßen treten? In der Kirche geht es um den Glauben. Gleichzeitig ist die Kirche die Institution mit immenser Unglaubwürdigkeit. Ich habe das damals auf eine Weise zu spüren bekommen, dass es bis heute schmerzt.

Dass dies nur ein Vorgeschmack sein sollte, erahnte ich damals nicht.

Aber gerade die letzten Jahre in Münster haben mir eindrucksvoll belegt, dass die Konservativen dabei sind, das Ruder zu übernehmen. Und es dann nicht mehr loslassen wollen. Im Großen haben Sie das eindrucksvoll rund um den Synodalen Weg erleben können. Der Kölner Kardinal Woelki, dazu ein Großteil der bayerischen Bischöfe wie der Passauer Bischof Stefan Oster, sind im Vatikan immer wieder gegen den Synodalen Weg vorgegangen und haben dadurch insbesondere die geplante Beteiligung der Laien an Entscheidungen für Reformen ausgebremst. Diese konservativen Bischöfe sind zwar in der Deutschen Bischofskonferenz in der Minderheit, aber der Erfolg ihres destruktiven Handelns zeigt, dass sie dennoch regieren können.

In Münster habe ich diesen Einfluss durch die konservative Gemeinschaft Emmanuel erlebt. Die Gemeinschaft ist eine kleine Gruppe der neuen geistlichen Bewegungen in der katholischen Kirche. Das Problem ist, dass sie von einer Sehnsucht nach den Zuständen vor dem Zweiten Vatikanum geprägt sind. Beim Priesterbild, beim Frauenbild, überall vertreten sie eine stark konservative Haltung und stehen für die Behauptung, dass das Konservative uns retten wird. Ehrenamtliche der St.-Stephanus-Gemeinde haben zur konservativen Haltung der Gemeinschaft Emmanuel professionell und akribisch recherchiert und ihre Ergebnisse auf der Homepage www.nichtmituns.online veröffentlicht. Ich finde die konservative Tendenz dieser Glaubensgemeinschaft sehr problematisch. Ich wünsche mir mehr Demokratie in der Kirche, in dieser Gemeinschaft wird aus meiner Sicht die Demokratie aber als Übel angesehen, es herrscht das alte dirigistische Kirchenbild vor.

Die Uhren zurückdrehen wollen, das ist eine mir suspekte Geisteshaltung. Leider greift sie um sich. Um noch einmal das Beispiel meines leitenden Pastors in Mettingen zu nehmen: Zur damaligen Zeit gehörte er eher zu den besonders konservativen Priestern. Heute würde ich ihn, auch wenn seine Positionen unverändert geblieben sind, in der Mitte verorten. Das Spektrum in der Kirche hat sich sehr verschoben. Wenn Sie länger in der Kirche aktiv sind, können Sie diese Einschätzung vermutlich teilen.

Ich weiß, ich schreibe solche Sätze aus einer angreifbaren Position. Da ist ein Priester, der zutiefst enttäuscht und verletzt ist von seinem Bischof und dessen Mitarbeitern. Ja, das bin ich! Da ist ein Priester, der den Dienst quittiert hat und damit seine Loyalitätspflicht beendet hat. Ja, das ist so! Und trotzdem bin ich von meiner Beobachtung einer unguten Verschiebung zum Konservativen überzeugt. Ich könnte auch heute noch als Priester mit einem konservativen Bischof leben und zusammenarbeiten, wenn ich im Gegenzug die Luft zum Atmen für meine Liberalität hätte. Die hatte ich nicht, und deshalb habe ich den Dienst quittiert.

Sie sagen vielleicht, dieser Eindruck lässt sich doch gar nicht belegen, das ist alles sehr subjektiv. Das sagt ein Enttäuschter. Gerne möchte ich deshalb meine persönlichen Erfahrungen mit Ergebnissen von Studien untermauern. Die erste kommt aus den USA. Das ist weit weg. Aber viele Ergebnisse decken sich mit meinen Eindrücken. Die Studie mit dem Titel *The Catholic Project* wurde im vergangenen Jahr von der in Washington D.C. ansässigen katholischen Universität Amerikas veröffentlicht. Es war in den vergangenen fünfzig Jahren die größte Studie unter katholischen Priestern in den USA, aus Deutschland ist mir nichts Vergleichbares über den Weg gelaufen. 3516 von 10 000 angefragten Priestern nahmen teil. Ergänzt wurde die Befragung durch qualitative Interviews mit über 100 Priestern. Da ist also in einem westlich geprägten Land mit viel Aufwand eine von den Zahlen her belastbare Untersuchung durchgeführt worden.

Die Ergebnisse belegen, wie die Priester in den USA immer konservativer geworden sind. In den 1960er oder 1970er Jahren geweihte Priester ordneten sich zu mehr als achtzig Prozent als moderat, progressiv oder sogar sehr progressiv ein. Die übrigen stuften sich als konservativ ein, nur ganz wenige als sehr konservativ. Ganz anders das Bild in den 2000er Jahren. Von den Anfang dieses Jahrhunderts geweihten Priestern bezeichnete sich schon die Hälfte als konservativ. Von den seit dem Jahr 2020 in den USA geweihten Priestern waren nach Selbstauskunft (!) etwa 85 Prozent konservativ oder sehr konservativ/orthodox. Die noch bis Ende der 1980er Jahre nicht erwähnenswert häufig vorkommenden Hardliner machen inzwischen ein Viertel der US-Priester aus. Als „sehr progressiv" beschreibt sich inzwischen kein neu geweihter Priester aus den USA mehr. Die Studienmacher verweisen darauf, dass einst 68 Prozent der US-Priester fortschrittliche Theologen waren und dieser Anteil inzwischen auf nahezu null geschrumpft ist. Präzise wird beschrieben, wie sich das Bild mit den Päpsten veränderte. Unter Johannes Paul II. entstand eine Generation, die auf einmal orthodox wurde – aber zu der immer noch einige liturgische Freigeister zählten. Unter Benedikt XVI. kamen die Hardliner – und unter Papst Franziskus waren die progressiven schon längst ausgestorben und kehrten nicht mehr zurück.

Als zweiten Beleg für die These der immer konservativeren Geistlichen möchte ich die sogenannte Priesterstudie erwähnen, die die Deutsche Bischofskonferenz im Frühjahr 2024 veröffentlicht hat. Im Auftrag der Bischöfe befragte das Zentrum für angewandte Pastoralforschung repräsentativ die von 2010 bis 2021 geweihten Priester. In diesem Zeitraum geweiht wurden 847 Männer – etwa doppelt so viele (1668 Männer) verließen in der Zeit das Priesterseminar. Nur eine kleine Randbemerkung von mir: In jeder anderen Branche, in der von drei Auszubildenden zwei vorzeitig hinschmeißen, würde interveniert. Solch eine Abbrecherquote gab es in meiner Ausbildungsphase nicht. Anders als in den USA fragte die Priesterstudie nicht explizit nach einer Verortung als konservativ oder liberal. Der Studienverantwortliche Professor Matthias Sellmann kommt dennoch zu dem Schluss, dass die neuen Priester mit der modernen Gesellschaft fremdeln. „Sie fremdeln zudem mit den Anliegen der Kirchenreform", sagte Sellmann bei der Vorstellung der Studie. Die Zahlen geben das eindeutig her. Nur eine klare Minderheit von 25,7 Prozent ist nämlich für die

Frauenordination, den Pflichtzölibat wollen lediglich 29,6 Prozent abschaffen, mehr Demokratie in der Kirche wollen nur 30,3 Prozent. Die Priester würden erkennbar nicht den Synodalen Weg mittragen, sagte Seelmann.

Mich bestätigt das in meinem Bauchgefühl, dass die davor in den USA erhobenen Ergebnisse auf Deutschland übertragen werden können. Das ist eine schwierige Entwicklung, die auch im Gegensatz zu den Erwartungen der Gläubigen steht. In meiner Jugend und Zeit als junger Priester begegnete ich ständig älteren Priestern, die vom Geist des Zweiten Vatikanischen Konzils getragen waren. Wenn ich heute dagegen einen Priesteramtsanwärter treffe, sehe ich schon an der konservativen Kleidung, woran ich bin.

Dieses Nachwachsen von Hardlinern hat erhebliche Folgen für die Priester, die eher progressiv sind. Nur mit dem System konforme Priester können das konservative System erhalten. Das ist vielleicht eine der Antworten, warum wir häufig einen Aufstieg der konservativen Priester in die Führungspositionen erleben. Ich will keine Verschwörungstheorie aufbauen und behaupten, dass hier eine dunkle Macht bewusst wirkt. Es ist einfach der Geist der seit Ende der 1990er Jahre vorherrschenden Haltung, der sich verselbständigt hat. Heute werden die Priester aussortiert, die nicht so konform sind. Ich habe den Eindruck, dass das früher anders war.

So hat auch die Idee des „Heiligen Rests" eine Intensität entwickelt, wie es sie wohl noch nie gegeben hat. Der Heilige Rest ist ein elitärer Gedanke. Menschen, die sich ihm in Deutschland zurechnen, erleben gerade eine regelrechte Jubelphase. Kirchenaustritte, leere Kirchenbänke, Priestermangel, Missbrauchsskandal, all diese bestürzend negativen Entwicklungen führen da zum Triumph. Die These des Heiligen Rests lautet: Diejenigen, die noch überbleiben, die noch gut katholisch sind, das sind die wahren Katholiken. Was ist nun die Herangehensweise des Heiligen Rests? Sie sagen, dass das Traditionelle fast über allem steht. Geguckt wird, wer zur Messfeier, zur Beichte, vielleicht zur Anbetung geht. Wenn jemand dem

Traditionellen nicht folgt, dann ist er nicht mehr richtig katholisch. Das Traditionelle aber sind die Positionen, die wir in unseren großen innerkirchlichen Debatten eigentlich zu überwinden versuchen: den Ausschluss der Frau vom Priesteramt, das Verständnis des Priesteramts, die Sexualmoral. Die besonders Konservativen bremsen Änderungen daran aus. Lieber weniger werden und an diesen Traditionen festhalten. Das ist die innere Haltung. Zu was für einem Preis!

Da wird die Volkskirche aufgegeben – auch der Vorsitzende der Bischofskonferenz, der eher liberale Bischof Georg Bätzing, spricht schon von einer Diasporakirche – anstatt um ihren Erhalt zu kämpfen. Und das Ganze auf Grundlage eines Missverständnisses. Denn tatsächlich gibt es Traditionen. Aber es gibt auch die Tradition. Die Traditionen – etwa das Priesterverständnis oder die Rolle der Frau – haben mit den Anfängen der Kirche gar nichts zu tun. Das ist neu entstanden, war ein Schritt, eine Überlegung zu einem bestimmten Zeitpunkt auf der Zeitachse der Kirche. Die Urkirche hat diese Traditionen weder gekannt noch verlangt. Diese Traditionen sind ja gar nicht die Ursprungstradition. Die Tradition ist was anderes. Die Tradition ist das Festhalten am historischen Jesus, der wie kein anderer uns die Liebe des Vaters gebracht hat, der aus dieser Liebe heraus Traditionen in seinem Lebenskontext infrage gestellt hat, der Autoritäten infrage gestellt hat und dies mit seinem Leben bezahlen musste. Doch wir glauben: Seine Liebe ist stärker als der Tod.

Gerade der historische Jesus ist durch seine Art, Gott zu suchen, so ermutigend. Ich nehme einmal das Gleichnis vom Senfkorn. Wie oft fühlt sich der Mensch klein und allein. Und dann entsteht plötzlich und unerwartet aus dem kleinen Senfkorn so etwas Großes, so eine große Hoffnung. Das sind wichtige Lebensimpulse, die Jesus mit seinem Reden in Gleichnissen gegeben hat.

Ich will den Menschen, die sich zum konservativen Glauben zuordnen – oft sind die Ausprägungen ja unter evangelischen Christen auch gar nicht anders – nicht ihr Engagement absprechen. Das sind fleißige Kirchgänger, Gemeindemitglieder, engagierte Diskutierer. Diese Menschen sind sehr engagiert, aber theologisch nicht flexibel. Verstehen Sie Flexibilität bitte nicht als Beliebigkeit, das wäre ein Missverständnis. Aber ich gehe mal davon aus, dass wir Christen alle immer ein Ziel haben. Der Konservative sagt, es gibt nur einen Weg. Der Liberale sagt, es gibt sicher mindestens zwei Wege zum Ziel. Du siehst das so, ich sehe das so – wir können beide Wege gehen und kommen ans selbe Ziel. Da sind die Traditionellen eher zu bedauern. Die haben immer ein Ausschlusskriterium für einen anderen Weg. Die können viel seltener sagen, wir haben verschiedene Wege, aber das gemeinsame Ziel vor Augen. Im Tod ist das Leben, im kleinen Senfkorn zeigt sich die Hoffnung, dahinter sollten sich alle vereinen können.

Die Fraktion Heiliger Rest aber sagt, das ist der eine Weg, den müssen wir genau wie vorgezeichnet gehen. Diejenigen, die nicht mitgehen, bleiben zurück – wir sind der Heilige Rest. Wie starr doch diese Haltung ist. Und wie weit weg von Jesus. Jesus ist zeit seines Lebens Wanderprediger gewesen. Als er in Nazareth merkte, dass seine Botschaft nicht ankam, zog er weiter. Ich sehe das auch für die heutige Zeit als passend an. Ich finde, die Struktur einer Gemeinde muss immer die Gemeinde selbst festlegen und nicht der Bischof. In unserem katholischen Kirchenverständnis sind die Gläubigen – hierarchisch gesehen – scheinbar unten. Doch das stimmt nicht. Man muss ihnen deutlich machen: Ihr habt was zu sagen!

Doch was ist etwa beim Synodalen Weg passiert? Da gab es kein Entscheidungsmandat der Laien. Die Bischöfe konnten mit einem Drittel der Stimmen gegen eine Mehrheit der Laien und eine Mehrheit der anderen Bischöfe eine Zustimmung verhindern. So geht doch keine Synodalität, so kommt Kirche doch nicht weiter. Wir hatten 1995 das Kirchenvolks-Begehren – wie schon beschrieben. In Münster gab es 2001 unter dem damaligen Bischof Reinhard Lettmann ein Diözesanforum. Die Fragen waren die gleichen wie beim Kirchenvolks-Begehren in den 1990ern und beim Synodalen Weg heute: die Lebensform der Priester, Machtstrukturen der Kirche, Ordination der Frauen. Ich habe inzwischen das Gefühl, das ist ein Schema. Zuerst wird diskutiert. Dann sagt man, wir werden daran arbeiten. Und dann liegen die Themen wieder zwanzig Jahre brach. Es ist so bitter, diese vielen enttäuschten Hoffnungen zu sehen.

Ich habe diese Frustrationen bei meiner Zwangsversetzung aus der St.-Stephanus-Gemeinde in Münster im Kleinen erlebt. Da haben Männer, Frauen und selbst Kinder gekämpft wie die Löwen. Es wurde demonstriert und gestritten. Schilder wurden gemalt und Briefe geschrieben. Ein Aufruhr, wie ihn die Gemeinde noch nicht kannte. Und heute? Heute sagen sie: Was hat das letztlich gebracht? Wie viel Energie haben wir gelassen? Das ist das Bittere, und das betrifft nicht nur mich, nicht nur die Gemeinde St. Stephanus. Das betrifft die vielen, die in ihren Gemeinden aufstehen und etwas verändern wollen. Und die am Ende zurückgewiesen werden. Warum hat die altkatholische Kirche gegen jeden Trend ihre Mitgliederzahlen stabilisieren und sogar ausbauen können, warum gibt es dort diesen Zulauf? Natürlich profitieren die Altkatholiken vom Missbrauchsskandal in der evangelischen und der katholischen Kirche. Aber sie profitieren auch davon, dass in der katholischen Kirche zu viel aus Rom entschieden wird. Weil dieses Urkirchliche ausgemerzt wird. Nicht nur ich würde mir Gemeinden wünschen, die mehr selbst entscheiden dürfen.

Ich glaube, dass die Anhänger der Idee des Heiligen Restes eher schwache Menschen sind. Die schwachen Menschen suchen jemanden, der ihnen die Richtung vorgibt. Oftmals ist aber auch Einsamkeit ein großes Motiv. Diese Menschen kommen mit dem Gedanken, in der Kirche werde ich aufgefangen. Etwa in Lebenskrisen. Aber du musst diese Menschen als verantwortungsbewusster Geistlicher immer so begleiten, dass sie auf eigenen Füßen stehen oder wieder dorthin zurückfinden.

In der Auseinandersetzung mit Bischof Felix Genn aus Münster haben mir einige seiner Mitarbeiter vorgehalten, ich hätte die

Menschen von mir abhängig gemacht. Tatsächlich habe ich sie unabhängig gemacht, unabhängig von den Machtstrukturen der Kirche. Auch für mich war es schmerzhaft, wenn Menschen nicht mehr in unsere Gemeinde gekommen sind. Und ich habe mich gefragt, ob das denn an mir liegt. Manchen bin ich zu liberal gewesen. Bei Einzelfällen muss man das aushalten, manchmal passt es einfach nicht. Aber wenn du merkst, dass du eine Gemeinde spaltest, dann musst du als Priester gehen. Es gibt Gemeinden, die gelten als besonders konservativ. Da hätte ich nicht hingepasst. Aber dieses Konservative sollte man dennoch akzeptieren. Das meine ich damit, dass die Gemeinden bestimmen sollen – und wenn sie sich konservativ ausprägen, dann sollen sie auch konservative hauptamtliche Ansprechpartner haben.

Es ist für mich aus biblischer Perspektive absurd, dass diejenigen, die sich selbst als Heiliger Rest einstufen, ausgerechnet die Erzkonservativen sind. Da muss ich mir nur Jesus anschauen. Ein Mann, der an die Ränder ging. Der mit Prostituierten an einem Tisch saß und gefeiert hat. Der die Menschen suchte, die von der Gesellschaft als Aussätzige betrachtet wurden, und ihnen half. Der im Tempel die Tische umwarf und den Zorn der Autoritäten auf sich zog. Auf diese streitbare, bei vielen Gelegenheiten aneckende Persönlichkeit beziehen sich ausgerechnet Erzkonservative mit ihrem Exklusivitätsgefühl des „Heiligen Rests“? Ich kann es drehen und wenden, das passt für mich nicht zusammen.

4. Kommen Sie mir doch einmal ganz nahe

Jetzt habe ich Sie schon mitten in meine Priester- und Kirchenthemen gestürzt. Aber ich habe mich Ihnen noch gar nicht wirklich vorgestellt. Gerne lasse ich Sie in diesem Buch nah an mich heran. Sie werden dann verstehen, warum ich so ticke, wie ich ticke. Und Sie werden sehen, dass mir das Leben ein fordernder Lehrer war. Mein letzter Gottesdienst als Priester war die diamantene Hochzeit meiner Eltern. In den inzwischen mehr als sechzig Ehejahren herrschten nicht immer nur Freude und Leichtigkeit. Es gab Sorgen um den Betrieb meiner Eltern, die Zimmerei. Es gab vor allem Sorgen und Dramen um unsere Familie. Bei der diamantenen Hochzeit trauerten wir noch einmal um Bernd, meinen verstorbenen Bruder, das dritte Kind meiner Eltern. Er ist mehr als vierzig Jahre tot. Ertrunken als Dreijähriger im Teich eines Nachbarn. „Es erfüllt uns bis heute mit einer tiefen, nie endenden Trauer", sagt meine Mutter noch heute. Meine Schwester, mein Bruder und ich sind meinen Eltern geblieben. Doch auch das war nicht selbstverständlich und keines dieser Geschenke auf Lebenszeit, die wir meistens nur unachtsam als natürlich gegeben annehmen. Beinah wäre auch ich heute nicht hier. Dann hätten meine Eltern nicht nur Bernd, sondern auch mich, ihren Sohn Thomas betrauern müssen. Dass sie es nicht mussten, hat mich zu dem gemacht, der ich heute bin.

Ich war elf Jahre alt, als der Unfall passierte. Ein Auto fuhr meinen jüngeren Bruder und mich auf dem Fahrrad an. Wir waren auf dem Weg zum Fußballplatz, er hinten auf dem Gepäckträger. Uli hatte eine schwere Gehirnerschütterung. Ich war schwerstverletzt. Eine Woche befand ich mich in dieser Schwebephase zwischen Leben und Tod. Ich hatte Hirnbluten, lag im Koma, mir ging es schlecht, sehr schlecht. Meine Eltern waren da. Immer. Sie sind leidenschaftliche Eltern. Sie kämpften um mich, kämpften für mich. Auch die Ärzte und Krankenschwestern kämpften. Allen voran meine Patentante Cilli, Ordens- und Krankenschwester bei den Vinzentinerinnen in Paderborn. Mir fällt ein Wort von Hans Küng ein, wenn ich an all diejenigen denke, die verhindert haben, dass ich mit elf Jahren, kaum auf der Welt, schon wieder gehen musste. „Gehalten von Gott – hilfreich für den Menschen", schrieb Küng. Das sind Worte, an die ich mich anlehnen kann – bis heute. Die Liebe Gottes trägt mich und führt mich immer wieder zu den Menschen.

Eine Woche blieb ich damals im Koma, dann wachte ich auf. Siebzehn Wochen blieb ich im Krankenhaus. Das ist ein Drittel eines Jahres. Eine Ewigkeit für einen elf Jahre alten Jungen, der sich im Sommer davor noch auf Rollschuhen von seinem Vater mit dem Lieferwagen durch die Siedlung ziehen ließ. Mein Vater hatte immer viel Arbeit – aber die Zeit nach dem Mittagessen gehörte ganz uns Kindern. Er zog uns auf Schlitten oder Rollschuhen mit seinem Wagen. Oder er ließ uns ein, zwei, drei Runden um den Platz vor unserem Haus das Auto lenken, während er schaltete, Gas gab und bremste. Und jetzt lag ich da im Krankenhaus, ein junger Körper als Trümmerfeld. Sollte dieser kleine Kopf je wieder klar denken können? Keiner glaubte, dass ich einmal studieren kann. Sollten diese Hände je wieder kontrollierte Bewegungen machen können? Keiner glaubte, dass ich meine Finger jemals wieder ruhig bekomme. Wo sollte ich anfangen. Alles war kaputt. Ich hatte Eltern, besonders eine Mutter, die alles zurückstellte, wenn es um ihre Kinder ging. Ich war in dieser Zeit das „Sorgenkind". Sie erkundigte sich: Wie findet meine Junge Hilfe? Wie findet er aus der Dunkelheit wieder in das Licht? Welche Therapien gibt es, um ihn wieder auf die Beine zu stellen? Wird es gelingen? Wird sich alles lohnen? Werden wir den Thomas zurückbekommen, den wir vor dem Unfall hatten? So viele Fragen. So viel Not. Das muss man erst mal aushalten. Das zerreißt die Seele.

In mir hatte ich schon immer eine große Willensstärke, aber allein hätte ich es niemals geschafft. Die scheinbar kaputten Finger lernten das Orgelspielen. Zuerst brachte mir mein Großvater das Spielen bei, dann mein Orgellehrer Martin Geukes. Mit viel Geduld beruhigten sie die Finger. Stundenlang, bis in die Nacht hinein probte ich an der Orgel in der St.-Jakobus-Kirche in Ennigerloh. Ob in dieser Zeit meine Freude, Dankbarkeit und Zuversicht zu Gott gewachsen sind? Ich glaube es.

So viele Stunden spielte ich Orgel und war, ohne dass ich es bewusst wahrgenommen habe, mit meinem Gott allein. Der Geist seiner Liebe hat mich umgeben. Umhüllt von den Klängen der Kirchenmusik erwachte in mir das höhere Du, das größer war als mein eigenes Ich. Dieses höhere Du, das weiß ich heute, hat mein Denken und Fühlen auf eine neue, höhere Bewusstseinsebene gebracht. In diesem Du, für mich in Gott, fühlte ich mein eigenes Ich aufgehoben und getragen. Bis heute ist daraus diese Glaubenshaltung entstanden: Zu meinen eigenen Kräften kommt die Kraft Gottes dazu. Deshalb überlasse ich Gott mein Leben, aber so, dass meine Mitarbeit und Verantwortung mit einfließen. Gott wirkt – nicht ohne, sondern mit und in mir. Deshalb gehe ich mit Mut und Fleiß meinen Weg, und der mitgehende Gott ist mir dabei Halt und Stütze. Bei Paul Redlich las ich das Wort: „Es ist traurig, dass wir so oft anfangen müssen. Es ist tröstlich, dass wir so oft anfangen dürfen." Anfangen, aufstehen, weitermachen, mit deiner eigenen Kraft, mit liebenden Menschen und im tiefen Vertrauen zu Gott, der dich unendlich liebt, wird es gelingen.

Mein Großvater war auch Organist. Bei ihm erlebte ich das erste Mal, wie erdrückend katholisches Machtgehabe sein kann. Er spielte in Enniger die Orgel. In St. Mauritius, wo meine Eltern ihre diamantene Hochzeit feierten. Doch als er schon alt war, kam ein Pfarrer, mit dem er überhaupt nicht zurechtkam. Der hatte ihn „geknechtet". Keine Arbeit war gut genug. Mein Opa zog weg. Mit 52 Jahren wechselte er noch einmal die Gemeinde. Mein Urgroßvater musste mit umziehen, mit über achtzig Jahren. Sie gingen nach Beckum, das im Vergleich zu unserem Dorf eine richtige Stadt war. Und Opa wurde dort noch einmal richtig glücklich, fand einen Pfarrer, der ihm ein Freund wurde. Ich habe in der Familie gelernt, wie viel Kraft man bekommen kann, wenn liebende Menschen an deiner Seite sind. Ich habe von meinem Großvater immer gelernt: Schau nicht darauf, was die Menschen reden, sondern was sie tun.

Auch, als ich mich zum Gang ins Borromaeum entschloss, dem Priesterseminar des Bistums Münster, hatte ich diese Weisheit im Hinterkopf. Zum Eintritt ermutigt hatte mich der Priester und Spiritual Johannes Bours. Meine Tante Cilli, die besagte Ordensschwester, hatte mich an ihn vermittelt, als ich noch im Abitur stehend ernste Gedanken über eine mögliche Priesteramtslaufbahn entwickelte. Der als Sprecher des *Worts zum Sonntag* auch deutschlandweit bekannte Bours war ein Poet des Glaubens, er verband auf fast beispiellose Weise Weltliteratur mit den Fragen des Glaubens. Wenn ich heute an ihn denke, dann denke ich an den Psalm „Du führst mich hinaus ins Weite" – nichts anderes machte er mit der Freiheit, Liebe und Weite, mit der er den christlichen Glauben verstand und interpretierte.

Ich begegnete Johannes Bours in seinen letzten Lebensjahren, nachdem er seine Tätigkeit im Priesterseminar beendet hatte und noch einmal am Niederrhein Dorfpfarrer wurde. In diesen Jahren vor seinem Tod 1988 war er, der im Priesterseminar noch ein strenger Spiritual gewesen sein soll, milde. Das Priesterseminar von Münster war eines der bedeutenden dieser Republik, eine Kaderschmiede der Theologie. Das Bistum war stolz darauf. Und auch viele der angehenden Priester waren über Generationen hinweg stolz darauf, hier ausgebildet zu werden. Ich nicht. Ich kam 1985 als ein Suchender ins Borromaeum. Ich hatte Fragen, ich wollte ausprobieren. Der Direktor sah mich mit einem Blick voller Zweifel an. Aber es waren ausgerechnet einige der so besonders souverän auftretenden jungen Männer, die auf einmal schnell wieder weg waren. Hätte ich im Nachhinein auch besser direkt wieder hingeworfen? Nein.

Nach nur vier Semestern habe ich mein Vordiplom gemacht. „Mit meinen Grenzen grenze ich an Gott", formulierte es Bischof Klaus Hemmerle. Ich empfinde, wie wahrhaftig dieses Wort in meiner Beziehung zu Gott ist. Dass ich das auch heute noch sagen kann, liegt vielleicht auch daran, dass ich mich diesem System Borromaeum so gut es ging entziehen konnte. Mit dem Segen des damaligen Bischofs Reinhard Lettmann. In meinem Freisemester bin ich nach Freiburg gegangen. Ein Glücksfall. In der Gemeinde St. Andreas in Freiburg-Weingarten fand ich wunderbaren Anschluss. Dort konnte ich meine musikalischen Fähigkeiten ausbauen und vertiefen, ich war Organist und Chorleiter. Und ich entschloss mich, mein Studium in Freiburg statt in Münster abzuschließen. Einmal im Jahr besuchte ich Bischof Reinhard Lettmann, gab Lebenszeichen von mir und informierte ihn über meine Fortschritte.

Bischof Lettmann hat in seinem Bischofsleben große Schuld auf sich geladen, wie wir aus der Aufarbeitung der Missbrauchsfälle in Münster wissen. Meinen persönlichen Weg aber hat er mit viel Verständnis und unendlicher Toleranz begleitet. Er spürte, dass Wahrhaftigkeit in meinem Handeln lag. Die Leitung des Borromaeums verstand diese Großherzigkeit nicht, hier wurde mein Weg kritisch beäugt. Ich erkannte schon damals, dass ich nur in dieser Freiheit Priester werden kann. Lettmanns weiter Blick und sein Vertrauen wurden maßgeblich für meinen weiteren Weg und die Entscheidung, später nach Münster zurückzukehren und mich zum Priester weihen zu lassen. Der Apostel Paulus schrieb den Christen in den Gemeinden Galatiens den Satz: „Zur Freiheit seid ihr berufen." (Gal 5,13) Was für ein starkes und ermutigendes Wort. „Zur Freiheit seid ihr berufen" – wir alle müssten dieses Wort als Christen und Christinnen wie ein Siegel in unseren Herzen tragen.

Ich frage mich, was passiert ist, dass das heute in unserer Kirche nicht mehr geht. Dass heute so strenge Regeln den Gedanken des

Wachsens durch Freiheit ersetzen. Für mich war es jedenfalls ein Segen. Bis 1991 war ich in Freiburg. Ich habe dort musiziert, im Kammerchor gesungen, mein Theologiestudium beendet. Ich habe wunderbare menschliche Beziehungen aufgebaut, und manche dieser Bänder halten bis heute. In Freiburg hätte ich auch Pastoralreferent mit dem Schwerpunkt Kirchenmusik werden können. Für mich, der sich in seiner Familie so geliebt und geborgen fühlte, war dies in der Zeit im Breisgau Anlass intensiver Überlegungen. Sollte ich mir auf diese Weise doch auch noch die Möglichkeit bewahren, eine eigene Familie zu gründen? Kinder aufzuziehen und ihnen die Zuneigung weiterzugeben, die ich erfahren hatte? In Freiburg entschied ich mich dagegen. Ich wollte Priester werden. Ohne Wenn und Aber. Aber eine Art Familie wollte ich doch – ich wollte Beziehung – eben eine Gemeinde, deren Menschen ich nah, zugeneigt, als Priester begegnen wollte.

Der entscheidende Impuls dazu kam durch die Begegnungen mit Johannes Bours. Er starb während meiner Freiburger Jahre. Sein Bild steht noch heute auf meinem Schreibtisch. Bours war nach all den Jahren als Spiritual im Priesterseminar und als Schriftsteller noch einmal einfacher Pastor in Mehr bei Kranenburg am Niederrhein geworden. Sein Pfarrhaus lag direkt neben dem Friedhof. Der Friedhof hatte ein Eingangstor mit dem Wort von Augustin Wibbelt: „Das Leben überlebt den Tod." Heute lese ich dieses Wort auf dem Grabstein eines meiner engsten Freunde und Weggefährten – Pfarrer Heinz Withake. Fast täglich gehe ich auf dem Weg zum Orgelspiel an sein Grab auf dem Zentralfriedhof in Münster, halte inne und denke dankbar an die gemeinsame segensreiche Zeit hier auf Erden. Johannes Bours lebte im Pfarrhaus in Mehr, um ihn herum die Toten, und ein tiefes, trostreiches, hoffnungsvolles Wort umarmte die Toten. So empfand ich es, so empfinde ich es. Und Sie spüren vielleicht, dass das Begleiten im Sterben, das Beerdigen, die Trauerarbeit mit Hinterbliebenen mir ein wichtiger Teil meines pastoralen Dienstes wurden.

5. Warum nicht auf die Menschen hören?

Ich erinnere mich bis heute intensiv an ein zufälliges Gespräch, das ich in den späten 1990er Jahren geführt hatte. Ich war als Kaplan in Mettingen tätig. Bei einem Spaziergang traf ich ein älteres Ehepaar aus dem Dorf. Wir sprachen über Gott und die Welt und auf einmal auch über die Kirche. Es ging gerade die Nachricht herum, Johannes Paul II. habe wieder irgendetwas zur katholischen Sexualmoral veröffentlicht. „Wissen Sie", sagte der Mann, „wir waren zu Hause zwölf Kinder. Eine sehr große Familie. Wir waren arm, hatten ein hartes Leben. Meine Mutter war im Grunde eine emanzipierte Frau, aber sie wollte so viele Kinder, trotz aller Nachteile." Das sei aber doch ganz im Sinne der Kirche gewesen, sagte ich dem Mann, viele Kinder zu haben sei doch ein Geschenk Gottes. „Ja", sagte der Mann. „Aus allen von uns ist auch etwas geworden, wir haben unseren Weg gemacht. Aber wissen Sie, was mich bis heute ärgert und verletzt? Wenn meine Mutter mit uns vielen Kindern ins Dorf gegangen ist, haben uns die Pastöre und Kapläne ausgelacht. Wie wir aussehen würden, warum wir keine anständige Kleidung hätten, warum wir überhaupt so viele seien."

Das hat mich damals als junger Kaplan tief beschämt. Aber die zentrale Aussage des Mannes war nicht die Wut über die Pastöre. Die zentrale Aussage war: „Ich habe damals schon als Kind gelernt, die Kirche kritisch zu sehen. Ich bin ein gläubiger Mann. Aber wenn die Kirche mir was dazu sagt, wie ich leben soll, dann höre ich weg."

Ich glaube inzwischen – und eigentlich weiß ich es –, dass es viele Katholiken und auch einige Protestanten genauso gehalten haben wie der Mann. Immer schon, aus einem Instinkt heraus. Diese Menschen wussten selbst am besten, was gut für sie ist. Sie haben auf ihr Bauchgefühl gehört. Die katholische Kirche verbietet die Pille? Aber ich hatte elf Geschwister, das führte uns in Armut – meine Frau wird die Pille nehmen. So hat der ältere Mann agiert. Einen anderen Fall hatte ich erst vor wenigen Jahren in unserer Gemeinde St. Stephanus. Ein homosexuelles Paar kam zu mir. Die beiden Männer wollten ihr adoptiertes Kind in unserer Gemeinde taufen lassen. Sie gehörten nicht zu unserem Sprengel, sondern hatten sich umgehört, welche Gemeinde hierfür wohl liberal genug sein könnte. Ich habe das Kind getauft, es ist auch später bei uns zur Erstkommunion gegangen und Teil einer Kirche geworden, die die Sexualität der beiden Väter bis heute als Sünde geißelt. In der Praxis spielt das glücklicherweise in vielen Gemeinden keine Rolle mehr. Der Umgang mit Homosexualität ist auch in der katholischen Kirche liberaler oder einfach lebensnäher geworden. Aber der Fall dieser Familie mit zwei Vätern zeigt auch: Es gibt die Möglichkeit, Wege des Glaubens an den Hardlinern vorbei zu leben. Und jeder hat diese „Rom ist weit weg"-Erfahrung gemacht oder selbst praktiziert.

Ich finde, wir haben in den vergangenen Jahrzehnten unglaublich viel Energie für das Nach-außen-Tragen von Regeln verschwendet, die fast kein Mensch in seinem Leben nachvollzogen oder eingehalten hat. Allein schon die künstliche Verhütung. Was für ein Tanz um ein goldenes Kalb, wobei das Gold in dem Fall nicht Geld, sondern nur viele moralische Zeigefinger wert war. Kennen Sie jemanden, der sich daran gehalten hat? In Deutschland, so würde ich vermuten, gab es kaum jemanden. Als Papst Benedikt XVI. 2010 für begründete Einzelfälle auf einmal die Nutzung von Kondomen erlaubte, machte das Schlagzeilen. Viele, die mit Kirche nicht mehr viel zu tun hatten, dachten aber wohl eher: „Wie, das war Katholiken verboten?" Etwa 200 bis 250 Millionen Kondome werden in Deutschland derzeit jedes Jahr verkauft, viele Jahre nutzte mehr als jede zweite Frau die Antibabypille. Da waren ganz sicher Katholiken und Katholikinnen unter den Nutzern, und ich hoffe, sie haben sich kein schlechtes Gewissen gemacht.

Denn ganz ehrlich: Dieses Eindringen ins Schlafzimmer oder ins Beziehungsleben der Menschen ist nach meinem Empfinden immer schon ein großer Fehler und äußerst vermessen gewesen.

In der Messe zur diamantenen Hochzeit meiner Eltern habe ich sehr offen über unser Familienleben gesprochen. Es war für meine Eltern zunächst schwierig, dass meine Schwägerin aus einer geschiedenen Ehe in die Beziehung zu meinem Bruder kam. Das sorgte für Diskussionen! Für sozialisierte Katholiken wie meine Eltern war das zunächst ein „Sündenfall". Und was haben meine Eltern heute? Eine seit vielen Jahren treusorgende Schwiegertochter, die ihnen auch im hohen Alter ein gutes und erfülltes Leben ermöglicht. Mir erzählte nach der Messe jemand von einer älteren Frau, die während dieses Berichts zu weinen begonnen hatte und lange nicht aufhören konnte. Ich glaube, es wird nicht Rührung über das Glück meiner Eltern gewesen sein, sich mit der Ehekonstellation meines Bruders anzufreunden. Ich vermute, da ist im Leben dieser Frau ein Konflikt wegen katholischer Moralvorstellungen entstanden und nicht gut ausgegangen. Ältere Menschen – nicht mal uralte! – kennen das noch. Da wurden Beziehungen angegriffen, weil sie der kirchlichen Moralvorstellung widersprachen. Hat dieser Angriff irgendeinem Menschen Glück und Zufriedenheit gebracht? Hat das irgendwo Liebe gesät? Sie geben sich die Antwort für die Fälle, die Ihnen in den Sinn kommen, bitte selbst. Es würde mich überraschen, wenn irgendjemand das Gefühl hätte, mit der katholischen Moralkeule ein Lebensglück gerettet zu haben.

Zur Zeit der Urkirche gab es keine Verhütungsthemen. Auch die Zulassung von wiederverheirateten Geschiedenen zur Eucharistie war kein Thema. Wir kennen also keine Forderungen von Jesus oder seinen Jüngern zu solchen Fragen. Und es ist etwas anderes, wenn ich aus der Rolle des Geistlichen heraus einen Menschen oder ein Paar mit Ratschlägen begleite, als wenn ich als Kirche für alle meine Gläubigen mit Verboten oder Degradierungen der Menschen als Sünder arbeite. Es ist ja durchaus sinnvoll, eine kirchliche Eheberatung oder Familienhilfe anzubieten, verstehen

Sie mich bitte nicht falsch. Und da können auch die moralischen Fragen zur Treue oder zur Verantwortung für den Partner oder die Partnerin Leitfaden sein. Aber es ist eben etwas anderes, den Menschen etwas diktieren zu wollen.

Die Diskussionen über die Sexualmoral sind ein gutes Beispiel, wie sich die Institution Kirche in etwas verrannt hat. Wie oft gab es einen Aufschrei, als Johannes Paul II. etwa trotz Armut und Aids in Afrika sein „Gehet hin und vermehret euch" sagte. Oder als die katholischen Schwangerenberatungsstellen keine Abtreibung mehr begleiten und genehmigen durften. Das hat gesellschaftlich keinen Fortschritt gebracht, die Menschen haben auch hier andere Lösungen ohne Kirche gefunden. Aber die Diskussionen verstellten den Blick auf den eigentlichen kirchlichen Auftrag. Es machte mich zwischendurch wütend, wenn die Päpste, Kardinäle und Bischöfe immer wieder die Erneuerung des Glaubens eingefordert hatten. Was hat das Erneuern des Glaubens denn verstellt? Die Diskussionen um die Sexualmoral, den Zölibat. Und später, erschütternd, mit zerstörerischer Wucht, der Missbrauchsskandal. Ob der solch eine Kraft hätte entwickeln können, wenn die katholische Kirche sich in ihren Lehrmeinungen weiterentwickelt hätte? Eine positive Autorität hat die katholische Kirche in moralischen Fragen jedenfalls schon sehr lange nicht mehr. Im Gegenteil: Wir haben in der katholischen Kirche schlichtweg zu viele Leute, denen man nicht mehr glaubt.

Ich hatte in meinem Leben als Priester die meisten Beichtgespräche zu einem Thema. Es ging nicht um Ehebruch, nicht um Mord und Totschlag, nicht um Nachbarschaftsstreit. Die meisten Beichtgespräche fanden zur Homosexualität statt. Was hat die katholische Kirche, aber auch manche evangelische Gemeinde mit ihren Haltungen dazu bei homosexuellen Menschen ausgelöst? Dieses Gefühl, nicht so angenommen zu sein, wie man ist, wünscht sich kein Kind von seinen Eltern. Die Kirche hat dieses Gefühl ihren homosexuellen Kindern aber gegeben.

Ich kann diese weit verästelten moralischen Äußerungen unserer heutigen katholischen Kirche nicht aus den Anfängen der Kirche ableiten. Deshalb ist es für mich umso wichtiger, doch spätestens in unserer Zeit endlich einmal auf die Menschen zu hören. Zu erfragen, zu erspüren, was sie brauchen, wonach sie sich sehnen, was für sie notwendig ist. Christlich gesprochen: Alles ist notwendig, was die Not wendet. Das ist keine Beliebigkeit, sondern Wertschätzung für die Lebenserfahrung und Menschenkenntnis dieser Menschen. Und es ist auch kein Fähnchen-in-den-Wind-Hängen, weil das Hören ja nicht dazu führt, jede Mode mitzumachen. In einer urchristlichen Gemeinde wurde auch über die Lebensweise diskutiert und gestritten. Und dann wurde eine Lösung gefunden, die für diese Gemeinschaft passte.

Mich hat im Jahr 2023 eines unheimlich positiv überrascht. Da wurde die Kirchenmitgliedschaftsuntersuchung nach zehn Jahren in neuer Form veröffentlicht. Positiv überrascht hat mich, dass sich die katholische Kirche an dieser originär nur evangelischen Befragung von Gläubigen erstmals beteiligt hat. Das war mutig und fortschrittlich. Ich hoffe, dass bei der Entscheidung zur Teilnahme der Geist geherrscht hat, mit den Ergebnissen auch positiv umgehen und daraus lernen zu wollen. Ich sage das ohne irgendeine Häme. Denn ich glaube schon, dass die Entscheidung zum Mitmachen gut bedacht war.

Die Ergebnisse der Kirchenmitgliedschaftsuntersuchung waren allerdings für mich noch viel weitgehender, als ich es mir mit der Erfahrung des jahrelangen hauptamtlichen Kirchenmanns hätte vorstellen können. Nur vier Prozent der Katholiken und sechs Prozent der Protestanten sagten, gläubige Mitglieder ihrer Kirche und eng mit dieser verbunden zu sein. Zum Vergleich: Dreimal so viele Katholiken und gut doppelt so viele Protestanten sagten demgegenüber: „Der Glaube sagt mir nichts, ich brauche keine Religion." Vertrauen in ihre Kirche haben insbesondere die Katholiken nicht. Dafür sind sie zornig und wütend auf ihre eigene Kirche. Ärger über kirchliche Mitarbeiter, über die Ungleichbehandlung von Frauen, Unglaubwürdigkeit und Missbrauchsskandale sind bei Katholiken der Hauptgrund zum Kirchenaustritt. Und da ist er wieder, der Aufruhr in der katholischen Kirche. Nur, dass er völlig destruktiv ist, weil die Menschen einfach weggehen. Bei den Protestanten übrigens sind die Motive für das Verlassen der Kirche andere, dort ist bei den meisten einfach eine Gleichgültigkeit gegenüber ihrer Kirche entstanden. Ich finde, da hätte es die katholische Kirche sogar noch einfacher, die Stimmung zu drehen: Denn in dem von der Studie beschriebenen Zorn steckt viel Energie. Du bist nicht heiß, du bist nicht kalt, du bist lau, deshalb speie ich dich aus, sagt das Bibelwort. Das heißt, die zum Austritt entschlossenen Protestanten sind nach ihrem Selbstbild lau und gehen deshalb – während die Katholiken heiß vor Wut sind. Könnte da womöglich noch irgendetwas gehen, um das Verhältnis zu retten?

Ich muss sagen, ich wünsche mir von Herzen, dass beide Kirchen beginnen, ihre Mitglieder ernster zu nehmen. Da ist die Kirchenmitgliedschaftsuntersuchung nun mal eindeutig: Weiheamt für Frauen, Pflichtzölibat, Segnung homosexueller Paare, die Ökumene – zu all diesen Fragen lässt sich feststellen, dass fast alle Katholiken in Deutschland Reformen wollen, die liberale Antworten liefern. Die Reformlust gipfelt darin, dass 96 Prozent der deutschen Katholiken und immerhin 80 Prozent der Protestanten sagen, dass sich ihre Kirche grundlegend ändern muss, um eine Zukunft zu haben. Die Kirchenmitgliedschaftsuntersuchung hat deutlich mehr Umfang und Tiefe als all die Studien, die als repräsentative Umfragen immer wieder in den Raum geworfen werden. Und da die Befragung nur alle zehn Jahre stattfindet, werden diese Ergebnisse nun auch noch für Jahre den Diskurs bestimmen. Das ist eine Chance – der Reformdurst ist riesig. Ob er aber umgesetzt wird? Ich habe schon auf die Priesterstudie der Bischofskonferenz hingewiesen. In der Mehrheit sind die jungen Priester gegen Reformen, sie sind gegen eine stärkere Beteiligung von Laien, sie wollen keine Frauen im Priesteramt. Auf die Gläubigen zu hören ist also auch in der kommenden Generation leitender Geistlicher und Bischöfe noch nicht angekommen.

6. Leichtes Spiel für liberale Priester

Ich mochte schon immer die evangelische Kirche. Und ich mochte schon immer die altkatholische Kirche. Warum ich nicht einfach konvertiert bin? Warum ich nicht spätestens jetzt nach meinem Streit mit dem Bischof mit fliegenden Fahnen die Kirche gewechselt habe? Das lässt sich nicht mit einem Satz erklären. Genauso, wie das „Mögen" der evangelischen und altkatholischen Kirche nicht so pauschal ist, wie ich es geschrieben habe.

Ich gehe zum Beispiel sehr gerne in einen Gottesdienst einer lutherischen Gemeinde, lieber als in eine reformierte Gemeinde. Der Grund ist vermutlich, dass wir uns in der Liturgie sehr nah sind. Vieles ist mir dort bekannt und vertraut. Das, was anders ist, höre ich dann mit erhöhter Aufmerksamkeit. Damit bin ich auch bei einem der Punkte, weshalb ich bei aller lange bestehenden Kritik immer im Dienst der römisch-katholischen Kirche geblieben bin. Es ist mir bekannt, es ist mir vertraut. Und das in der positivsten Ausprägung bis zu den Geschehnissen in St. Stephanus in Münster 2021.

Es ist ein bisschen wie beim *Kleinen Prinzen* von Antoine de Saint-Exupéry, aus dem ich hier gerne zitiere: „‚Zähmen, das ist eine in Vergessenheit geratene Sache', sagte der Fuchs. ‚Es bedeutet: sich vertraut machen.' ‚Vertraut machen?' ‚Gewiss', sagte der Fuchs. ‚Du bist für mich noch nichts als ein kleiner Knabe, der hunderttausend kleinen Knaben völlig gleicht. Ich brauche dich nicht, und du brauchst mich ebenso wenig. Ich bin für dich nur ein Fuchs, der hunderttausend Füchsen gleicht. Aber wenn du mich zähmst, werden wir einander brauchen. Du wirst für mich einzig sein in der Welt. Ich werde für dich einzig sein in der Welt.'" Die Kirche ist in dem Fall der kleine Prinz und der Gläubige der Fuchs, der sich bereitwillig vertraut macht und sich so zähmen lässt. Dieses Band lässt sich nicht ohne Weiteres auflösen. Selbst wenn die Enttäuschungen groß sind und immer größer werden.

Im Grunde mochte ich dieses Bild von Antoine de Saint-Exupéry gar nicht so sehr. Beim Lesen vom Zähmen habe ich mich oft gefragt, ob das nicht auch mit Gewalt zu tun hat. Der Mensch zähmt ein Tier, um es sich zu unterwerfen und gefügig zu machen, es soll folgsam sein. Will ein Mensch, der einen Freund zähmt, das nicht auch? Ist das nicht eine Unterwerfung? Sie ist es nicht, solange die „Zähmung" in Liebe und Freiheit geschieht. Ich habe mich nie von einem Menschen gezähmt gefühlt, ich habe nie einen Menschen zu zähmen versucht. Aber ich bin doch gezähmt. Ein gezähmter Katholik. Durch Riten, durch Abläufe, durch Liturgie, durch Gemeinschaft mit anderen ist das meiner katholischen Kirche gelungen. Riten gibt es auch woanders. Abläufe lassen sich verändern. Liturgie auch. Und Gemeinschaft verändert sich sowieso ständig. All das spricht dafür, dass ich ohne Weiteres auch in eine andere Glaubensgemeinschaft wechseln könnte. Aber dann kommt noch etwas anderes dazu, etwas zutiefst Menschliches: Der Mensch ist ein Gewohnheitstier. Es sind die Wenigsten, die sich ständig verändern in Beruf oder Wohnort. Und schon gar nicht im Glauben und in der Kirche.

So fühle ich mich bei den Lutheranern nicht fremd. In manchen Freikirchen mit ihren charismatischen Gottesdiensten zum Beispiel fühle ich mich gar nicht zu Hause. Bei den Altkatholiken im Gottesdienst fühle ich mich vertrauter. Auch hier kenne ich alles. Außerdem schätze ich die Motive sehr, aus denen diese Kirche entstanden ist: Es war der Aufruhr gegen das Erste Vatikanische Konzil und einen Papst, der sich für unfehlbar erklärte! Die Empörung, die dadurch entstanden ist, hat wahnsinnige Energien freigesetzt. Was daraus geboren wurde, ist eine bessere katholische Kirche, weil die Altkatholiken Probleme lösen, statt sie auszusitzen. In den vergangenen Jahren sind viele Priester aus der römisch-katholischen Kirche dorthin gewechselt. Andreas Sturm, der ehemalige Generalvikar von Speyer, ist das bekannteste Beispiel. An meiner

Kaplans-Stelle in Mettingen verließ schon früh mein Vorvorgänger Jürgen Wenge die katholische Kirche, um altkatholischer Priester zu werden. Er hatte sich in eine Frau verliebt, die beiden haben längst Silberhochzeit gefeiert, er hat also alles richtig gemacht mit seiner Entscheidung. Er hat sein privates Glück gefunden, ohne sein berufliches Glück aufzugeben. Ich denke, neben weltlichen Gründen wie zum Beispiel dem Beenden des zölibatären Lebens aus Liebe zu einer Frau oder einem Mann ist es auch diese praktisch von Anfang an bei den Altkatholiken angelegte Lösungskompetenz, die so einladend wirkt. „Ich kann in Problemen unterwegs sein oder in Lösungen", sagt der Fußballtrainer Daniel Thioune. Und so scheint es mir in der altkatholischen Kirche zu sein, die vielleicht auch deshalb Probleme wie massenhafte Kirchenaustritte nicht kennt. Dort werden die Entwicklungen in der Gesellschaft nicht als Bedrohung der Tradition gesehen, sondern als Anlass, in sich als Kirche hineinzuhören. Deshalb gibt es sowohl altkatholische Priesterinnen als auch eine viel weiter entwickelte Ökumene mit der evangelischen Kirche. Da wurde das Problem der Trennung der Kirchen gesehen und eine Lösung gesucht und gefunden. Beide Kirchen erkennen sich gegenseitig an, fertig.

Und war nicht auch der Start des Protestantismus die Antwort darauf, dass sich die römisch-katholische Kirche in ihrem Machtdenken verrannt hatte? Martin Luther konnte seinen Aufruhr nur anzetteln, weil die Menschen spürten, dass es bei den Katholiken so nicht weitergehen konnte und Ablassbriefe nichts mit Glauben zu tun hatten. Entstanden sind evangelische Kirchen, die mit ihrer jahrhundertealten Tradition inzwischen zum Teil auch ihre großen Probleme mitschleppen, wie der Umgang mit Missbrauchsfällen bedrückend dokumentiert. Die Gutachter sagen, die evangelischen Strukturen haben mit verursacht, dass sich Missbrauchsopfer nicht ernst genommen fühlten, dass die Meldung von Missbrauch ins Leere lief. Aber es sind eben dennoch die evangelischen Kirchen, die als eine Grundlehre mehr Mitsprache, mehr Demokratie in sich tragen.

Diese Grundstrukturen erklären ganz gut, weshalb es weder bei den Altkatholiken noch bei den Protestanten diese Verschiebung zum (Erz)Konservativen gibt, die die römisch-katholische Kirche gerade in ihrem Klerus erlebt. Immer wieder wird gesagt, dass die katholische und die evangelische Kirche bei Austritten ähnliche Entwicklungen erleben. Und das wird dann von Konservativen als Argument herangezogen, um zu behaupten, dass es ja an Themen wie dem Zölibat oder dem Priesteramt für Frauen nicht liegen könne. Und schwups, ist aus Sicht dieser Leute die Diskussion um eine Liberalisierung der katholischen Kirche schon wieder beendet.

Mein Empfinden ist, dass natürlich die gesellschaftlichen Entwicklungen bei beiden Kirchen sehr ähnlich durchschlagen. So war es zumindest in den vergangenen Jahren. Jede Debatte über die Kirchensteuer schadet den Kirchen, weil dann kirchenferne Menschen auf ihren Lohnsteuerzettel gucken und sagen: „Oh, ich zahle ja auch noch. Damit ist jetzt Schluss." Diese Entwicklungen verlaufen ähnlich. Aber gerade öffnet sich die Schere bei den Kirchenaustritten. Es treten mehr Menschen aus der katholischen Kirche aus. Das erklärt sich mit dem Missbrauchsskandal, wie die Kirchenmitgliedschaftsuntersuchung gezeigt hat. Aber es erklärt sich eben auch durch die undemokratischen Strukturen und die Wut auf Seelsorger. Das hat die Untersuchung ebenfalls gezeigt.

Wenn ich Wut und Zorn auf Seelsorger als Begründung für einen Kirchenaustritt ernst nehme, komme ich als Erstes zu der Frage: Wie konnte das passieren? Wieso ist jemand aus Wut über einen Seelsorger ausgetreten? Vor meinen Augen entsteht als Bild das Aufeinanderprallen von zwei Alphamenschen. Hier die Pfarrgemeinderätin XY, die etwas in der Kirchengemeinde verändern möchte. Oder der Kirchgänger YZ, der sich über ständigen Weihrauch im Gottesdienst oder lustlose Predigten ärgert. Beide, XY und YZ, stehen mitten im Leben, erkennen und benennen Probleme und versuchen etwas zu ändern. Nun treffen sie auf einen Priester. Priester A hört sich die Probleme an. Er fragt nach, nimmt sie ernst und stellt in Aussicht, mit Kollegen oder im Pfarrgemeinderat eine Lösung zu überlegen. Priester B hört sich auch das Problem an. Er sagt, dass eine Änderung aus dem und dem Grund nicht möglich ist, weil etwa der Weihrauch im Gottesdienst für ihn ein wichtiges Symbol der Gottespräsenz ist oder weil die Kirchengemeinde sich nicht ändern soll. Das sagt er unmissverständlich. Wer wird eher den Kirchenaustritt verursachen? Natürlich Priester B. Priester A ist der liberale Geistliche, B der konservative. Ich kenne diese Auseinandersetzungen und Diskussionen auch aus den Gemeinden, in denen ich tätig war oder die ich geleitet habe. Für mich ist es allerdings ein Unterschied, ob sich „nur" vereinzelte Personen mit einem grundsätzlichen Änderungswunsch an mich gewandt haben oder ob es in diesen Fällen dann durchaus mehrere Personen aus der Gemeinde waren. Auch wenn das hier sehr schablonenhaft beschrieben ist, habe ich diese unterschiedlichen Verhaltensmuster so oft erlebt, dass ich sie für verallgemeinerbar halte.

Ich möchte mir nun das Verhalten des liberalen Priesters näher anschauen. Mich überzeugt, dass er das Problem nicht nur anhört, sondern dass er es auch weiterträgt. Er behält es nicht in seiner eigenen Gedankenwelt, sondern fragt beim Pfarrgemeinderat nach: Was haltet ihr von dem Vorschlag, etwas zu verändern? Oder: Wie steht ihr eigentlich zum Weihrauch? Er wird dann Antworten bekommen, sich beraten lassen und daraus einen gemeinsam abgestimmten Weg formulieren.

Tatsächlich schmunzele ich beim Stichwort Weihrauch, weil ich genau damit meine Erfahrungen habe. Für mich war Weihrauch oft nur das äußere Zeichen für ein Hochfest, und das ist auch heute noch so. Er kam meist in sehr traditionell gefeierten Messen zum Einsatz. Quasi eine Untermalung der Liturgie, ein Unterstreichen, dass nun wirklich ein besonderer Festtag ist. Ich brauchte das in meinen Messen nicht, für mich ist Weihrauch antiquiert. Ein Kollege hatte sich im Studium aber sehr intensiv mit dem Thema Weihrauch befasst und dazu geforscht. Er hat sich dabei regelrecht in das Thema vernarrt und den Einsatz von Weihrauch praktisch für jeden Sonntag in die von ihm gefeierten Messen aufgenommen. Für ihn war das wirklich wichtig. Der Kollege war aber kein besonders konservativer Priester, er hatte da nur so seine Eigenart. Und bei ihm ist es dann, als er neu in eine Gemeinde kam, zu einem solchen Gespräch gekommen. „Warum brauchen wir jeden Sonntag Weihrauch? Der Geruch stört, er lenkt nur ab, das Besondere daran geht verloren“, sagte ihm ein treuer Kirchgänger. Der Kollege brauchte lange, um das zu verdauen. Er hatte seine eigenen Argumente, die er auch benannte. Dennoch nahm er sich die Kritik zu Herzen. Er sprach mit Kollegen, stimmte sich ab und veränderte am Ende sein Verhalten. Weihrauch gibt es auch bei ihm nur noch zu besonderen Anlässen.

Diese Auseinandersetzung war nicht einfach für ihn, wie er mir erzählte. Denn theologisch kennt er sich aus, und für ihn ist Weihrauch wirklich wichtig. Wäre er wie der konservative Priester B vorgegangen, wäre er vermutlich beim Weihrauch geblieben. Ob das dem Gemeindeleben genutzt hätte? Er ist aber wie Priester A vorgegangen. Er hat die Kritik ernst genommen, angenommen, und nach einigen Überlegungen sowie Gesprächen hat er etwas geändert. Seine Bindung zu diesem einzelnen Kritiker wie zur ganzen Gemeinde ist genau dadurch viel enger geworden, denn auch andere hatten sich am Weihrauch gestört und das als Eigenart ihres neuen Pfarrers angesehen. Als der Weihraucheinsatz vorbei war, waren sie ebenfalls froh.

Verstehen Sie mich nicht falsch. Auch das offene Ohr des liberalen Priesters muss nicht dazu führen, dass eine Kritik oder ein Wunsch umgehend umgesetzt wird. Liberal ist nicht beliebig. Liberal bedeutet nicht, keine Haltung zu haben.

Ich hatte in meiner Gemeinde auch vereinzelt Mitglieder, mit denen ich mich intensiv auseinandersetzen musste. Ich hatte bemerkt, dass sie eine Eigendynamik in ihrem Denken entwickelten, die sehr traditionalistisch wurde. Das fing zum Beispiel in der Kommunionkatechese damit an, dass sie zunächst immer strengere Regeln für die Kommunionkinder und deren Eltern aufstellten. Ich fand das unangemessen, weil ich die Lebendigkeit der jungen

Kommunionkinder sehr genoss. Bei Acht- oder Neunjährigen geht es nun mal wie im Bienenstock zu, und genau das versuchten sie einzudämmen. Irgendwann kam der Punkt, an dem ich eine Entscheidung treffen musste, weil mir die Katechese zu hart, zu wenig liebevoll, zu traditionell und zu lehrhaft verlief. Da unsere Positionen so weit auseinanderlagen, musste ich die Zusammenarbeit beenden. Wie gesagt, liberal ist nicht beliebig und ein liberaler Priester auch kein pastorales Weichei. Es bedeutet, die verschiedenen Wege zu einem Ziel zulassen zu können, im extremen Fall aber auch einen Weg zu beenden. Was aber nicht heißt, dass es keine Änderungen in der Kommunionkatechese geben darf, da sollte ein Priester auch immer den Rat der Laien hören.

Ein liberaler Priester ist für mich auch nicht unbedingt jemand, der ständig im Mittelpunkt steht. Das können Konservative ebenfalls. Ich denke, Papst Johannes Paul II. war das beste Beispiel dafür. Er ging immer mitten unter die Menschen und begründete so seinen Ruf als Menschenfänger. Aber er hat die Menschennähe nie so verstanden, dass es andere Meinungen gibt als seine. Ich finde das im Großen wie im Kleinen eine unehrliche und problematische Haltung. Es verrät auch die Erkenntnisse der Aufklärung, die ja die wahre Grundlage unseres modernen Lebens ist.

„Selber denken" war die zentrale Botschaft von Immanuel Kant. Wörtlich schrieb er schon vor fast 250 Jahren: „Habe Mut, dich deines eigenen Verstandes zu bedienen!" Das ist zutiefst liberal, denn es führt dazu, Lösungen auszudiskutieren, wo Konservative sie diktieren wollen. Ich glaube, in den 1950er Jahren war fast niemand in der Gesellschaft so weit, das katholische Priesteramt für Frauen zur Diskussion zu stellen. Dann aber begannen Männer und vor allem Frauen mutig selbständig zu denken und erzielten gewaltige Fortschritte in der Gleichberechtigung. Noch in den 1980er Jahren galten Diskussionen über den Pflichtzölibat als Frevel, weil der Priester als zölibatärer Mann auf ein besonderes Schild gehoben werden konnte. Erst allmählich öffnete sich in der freieren katholischen Gesellschaft das Denken so, dass

Zweifel an einem Pflichtzölibat zuerst von Gläubigen, dann von Priestern und inzwischen auch von Bischöfen formuliert werden. Dies ist ein gutes Beispiel, wie katholische Diskussionen laufen. Denn die katholische Kirche versucht, dieses freie Denken noch immer einzuhegen und zu unterbinden. Positives Beispiel, aber negative Conclusio, das passt nicht. Und das, obwohl selbst ihre klugen Köpfe nicht nur wissen, sondern auch sagen, dass die heutigen katholischen Regeln nicht aus den Ursprüngen der Kirche erwachsen sind.

Der auch im Vatikan hoch angesehene Kirchenhistoriker Hubert Wolf pflückte vor ein paar Jahren in einem Buch die katholischen Argumente für das Pflichtzölibat auseinander. Bereits ein Gegenargument hätte dem Papst als Nachfolger auf dem Stuhl Petris reichen können: Wolf erinnert in seinem Buch nämlich daran, dass bereits in den Evangelien die „Schwiegermutter des Petrus" erwähnt ist. Die Urfigur des Papstes war also verehelicht. Und im ersten Brief an Timotheus steht zur Jobausschreibung für einen Bischof: „Der Bischof muss ein Mann ohne Tadel sein, nur einmal verheiratet." Da ließe sich angesichts der damaligen gesellschaftlichen Verhältnisse theologisch eigentlich doch nur noch darüber streiten, wie der Ehestand sein soll. Also ob ein Bischof nicht geschieden sein soll, was eher unwahrscheinlich ist. Oder ob er keine Vielehe mit mehreren Ehefrauen gleichzeitig haben soll, was besser in die damalige Zeit passt. Es geht also um das Wie des Ehestands, nicht um das Ob. Wer diese Textstellen liest, wer sich dabei noch des Verstandes der Aufklärung bedient, wer selbst denkt und den Mut zur (Selbst-)Verantwortung entwickelt, kann nur zu folgendem Ergebnis kommen: Das Pflichtzölibat ist erst im 12. Jahrhundert auf dem Zweiten Laterankonzil beschlossen worden. Es ist nicht Teil des kirchlichen Ursprungs. Das Beharren auf dieser Regelung beruht auf dem willkürlichen Beschluss eines konservativen Zirkels, der sich unzugänglich zeigt für wissenschaftliche Erkenntnisse und Argumente.

Ich nehme wieder meine Priester A und B. Priester B, der Konservative, hört sich die Kritik zwar an, er weist sie aber schnell zurück. Priester A, der Liberale, hört sich die Kritik am Zölibat und der verbotenen Priesterweihe für Frauen auch an. Er geht damit ins Gespräch mit anderen und ist bereit, seine Position bei guten Argumenten zu verändern.

Merken Sie was? Die katholische Kirche verändert sich nicht, in ihrer Logik ist sie deutlich mehrheitlich konservativ, und sie ist Produkt hierarchisch-autoritativer Entscheidungen.

Manchmal musste ich darüber staunen, dass zunächst Bischöfe und dann sogar Vorsitzende der Bischofskonferenz für eine Diskussion über ein Ende des Pflichtzölibats eintraten. Die Bayern würden sagen, solche Debattenbeiträge sind eine „gemähte Wies“: Weil die Diskussionen innerkirchlich so eindeutig gegen den Zölibat sind, macht sich ein Vorsitzender der Bischofskonferenz damit nur mit der breiten Mehrheit gemein und holt sich deren Unterstützung. Dabei weiß er genau, dass das kein Thema ist, über das er entscheidet. Ein großes Risiko geht er mit seine Äußerungen also nicht ein. Und dennoch bin ich gespannt, ob auch der nächste, übernächste und überübernächste Vorsitzende der Bischofskonferenz sich in einem Interview gegen den Pflichtzölibat aussprechen wird. Meine Vermutung lautet: Nein. Denn wenn die Kirche in Deutschland wie zuletzt insbesondere durch den Kölner Kardinal Rainer Maria Woelki oder die konservativen bayerischen Bischöfe Rudolf Voderholzer (Regensburg) und Stefan Oster (Passau) ihre stärksten Stimmen bei den Konservativen hat, ist es bald vorbei mit Reformforderungen.

Achten Sie bitte darauf, wie es da weitergeht! Achten Sie darauf, ob der Fall Kohlberger Schule macht. Viola Kohlberger scheiterte unter äußerst zweifelhaften Umständen im April 2024 am Ständigen Rat der Bischöfe damit, Bundeskuratin der Deutschen Pfadfinderschaft Sankt Georg zu werden. Das ist ein äußerst wichtiger Posten in der Pfadfinderschaft. Kohlberger ist Theologin, fachlich gab es keinen Zweifel an ihrer Befähigung. Kohlberger gehört aber zu den öffentlichen Kritikerinnen der katholischen Kirche, sie ist mit ihrer Kritik bei Instagram aktiv. Die Bischöfe stimmten geheim ab. Es wird deshalb nie öffentlich werden, wer alles gegen die von vielen, vielen jungen Menschen unterstützte Augsburgerin stimmte. Einen Grund müssen die Bischöfe auch nicht liefern. Meine Vermutung: Der Kurswechsel einer Bischofskonferenz, die in Deutschland in den vergangenen Jahren mehrheitlich liberal auftrat, hat begonnen.

7. Was ist ein liberaler Priester? – Ich bin es!

Über die Berichte aus meiner Kindheit und Jugend, den Weg zum Priester habe ich Sie schon recht nah an mich als Menschen herangelassen. Nun möchte ich Sie gerne nah an mich als Priesterpersönlichkeit heranlassen – auch das mit dem Gedanken, dass Sie dann besser verstehen, wie ich ticke. Ich bin bis zum 30. September 2023 aktiver Priester gewesen, meine Entpflichtung wurde zum 1. Oktober 2023 wirksam. Zu diesem Zeitpunkt war ich 59 Jahre alt. Mein regelmäßiges, wirklich hohes Gehalt war von da an weg. Die über viele Jahre aufgebauten Altersbezüge – sie waren zu einem großen Teil weg, unwiederbringlich. Die private Krankenversicherung? Ihre Beiträge musste ich von diesem Tag an selbst einzahlen. Sie merken, ich bin ins Risiko gegangen. Nach meinem Schritt bekam ich Anrufe von anderen Priestern. „Thomas, ich kann das nicht." Den Satz habe ich mehrmals gehört. Das Verständnis für meine Entscheidung und die Sicht auf die sich verändernde Kirche, das teilten viele meiner Kollegen mit mir. Den Mut, alles hinzuschmeißen, das Priesteramt mit allen seinen Konsequenzen zurückzugeben, nur wenige Jahre vor dem Erreichen des Pensionsalters mit seinen üppigen Altersbezügen, wollte keiner von ihnen teilen. Vermutlich auch, weil es aus finanzieller Sicht eher eine Verrücktheit war. In meinem Fall war es trotzdem eine wirkliche Befreiung.

Nur wenige Tage nach meinem letzten Gottesdienst feierten die Gemeinden im Münsterland Erntedank. Für mich war das Erntedankfest immer wunderbar, weil die Gläubigen nun die sichtbaren Früchte ihres von Glauben und Zuversicht getragenen Säens und Erntens mit Stolz zeigen konnten. Ich habe nie ein karges, leeres Erntedankfest erlebt. Und wir können wirklich dankbar sein, in so einem reichen Land zu leben. Dankbar bin ich auch, dass ich 2023 mein persönliches Erntedankfest erlebte. Die Menschen hätten sich ja umdrehen, sich von mir abwenden und mich mit meiner einsamen Entscheidung alleine stehen lassen können. Das Gegenteil ist passiert. Schnell kam von vielen Seiten eine sofortige Unterstützung in jeglicher Hinsicht! Menschen luden mich ein, gaben mir Aufträge als Trauerredner oder ließen sich von mir die Hochzeit gestalten. Zu Vorträgen und Besinnungstagen wurde ich eingeladen und beauftragt. Wir trafen uns an Heiligabend, und es kamen 200 Menschen zu einem Gottesdienst – an einem fremden Ort in einem Industriegebiet. Welch große Zuneigung wurde da deutlich und welche Unterstützung für meine Entscheidung und meinen neuen Weg. Das ist mein Erntedank. Das sind die Früchte meiner Arbeit, die ich über dreißig Jahre im Priesterdienst geleistet habe. Und, darauf bin ich wirklich stolz, das macht mich zutiefst glücklich, es ist die Bestätigung meiner größten Überzeugung: Zuerst kommt die Anthropologie, dann die Theologie.

Was ich an Liebe zu den Menschen gezeigt habe, das kommt zurück. Nur weil ich Bindung zu Menschen gesucht habe, konnte ich sie auch liturgisch gut erreichen. Nochmal: zuerst die Anthropologie, dann die Theologie.

Ich will einmal versuchen, Ihnen mich und mein Handeln zu skizzieren, einen Einblick in meinen Alltag, in meine Biografie zu geben. Nicht, weil ich sie so besonders großartig finde. Aber ich möchte Ihnen gerne ein Gespür dafür geben, warum viele Menschen mich gemocht haben und mögen. Und warum ich das Priesterleben im wahrsten Sinne mit Haut und Haaren, mit meinem vollen Körpereinsatz gelebt habe.

Mein Tag begann immer gegen halb sechs oder sechs Uhr, das ist bis heute noch so. Mein eigenes Gebetsleben habe ich immer an die Ränder des Tages gelegt, um den Kopf auch wirklich dafür frei zu haben. Mein Tag beginnt mit geistiger Literatur und Gebet. Am Morgen lese ich immer mindestens eine halbe Stunde. Das ist die Phase, in der ich Ruhe habe, in der die Wörter ganz nah an mein

Inneres kommen und ihre Kraft entwickeln können. Oft finde ich darin schon einen Impuls für den Tag. Einen guten Gedanken, der sich dann an dem Tag wundersam passend als Hilfe bei einem Problem, einer schwierigen Frage erweist.

In St. Stephanus in Münster war ich meist um acht Uhr im Büro. Sobald unsere Pfarrsekretärin kam, lief der Betrieb schnell hoch – ich versuchte immer deutlich zu machen, dass ich den Alltag trotzdem unterbrechen konnte. John Lennon sagte: „Leben ist das, was passiert, während Sie dabei sind, andere Pläne zu machen." Und dieses Leben wollte und konnte ich als Pfarrer einer Gemeinde nicht verpassen.

Bei einer meiner Joggingrunden um den Aasee in Münster – ich laufe gerne, auch lange Strecken – hat mir eine junge Mutter das vor kurzer Zeit noch einmal bewusst gemacht: „Thomas, es war so gut, dass du damals da warst." Sie gehörte als Jugendliche zur Leiterrunde in unserer Gemeinde. Die Pfarrjugend veranstaltete jedes Jahr in den Sommerferien ein Zeltlager. Sie haben das autark in die Hand genommen, selbständig vorbereitet und durchgeführt. Ich als Pfarrer war drei, vier Tage mit dabei, habe den Gottesdienst mit ihnen gefeiert und ein bisschen von der heiteren Zeltlagerstimmung geschnuppert. Im Jahr 2010 aber war alles anders. Es war der Sommer der Loveparade-Katastrophe. Und unsere Gruppenleiter verloren in Duisburg einen engen Freund. Die emotionale Katastrophe war gigantisch. Es war ein Schock, weit weg von der eigentlichen Loveparade-Katastrophe. Aber trotzdem eine Katastrophe im Leben dieser jungen Menschen.

Ich habe getan, was ein Seelsorger tut. Wir führten Einzelgespräche. Ich schuf einen Raum, in dem die Jugendlichen ihre Gefühle äußern konnten. Für die ganze Zeltlagergemeinschaft griffen wir das Thema im Gottesdienst auf, wir konnten und wollten es nicht verschweigen. Und ich achtete auch darauf, wer es noch im Zeltlager aushielt und wer von den Betroffenen lieber nach Hause sollte. Für diejenigen, für die es besser war, nach Hause zu kommen, übernahm ich den Fahrdienst. Zudem versuchte ich gemeinsam mit der Leitung des Zeltlagers, möglichst viel Alltag in die Freizeit hineinzubekommen. Das Zeltlager ging weiter, es wäre überzogen gewesen, wenn das Thema auch diejenigen mit voller Wucht getroffen hätte, die den Verstorbenen gar nicht kannten.

In solch einem Moment geht es um Empathie. Es geht nicht um Mitleid, sondern um Mitleiden. Mitleiden in einer schweren Lebenssituation greift einen auch selbst an, macht verletzlich. „Du hast so gut zugehört“, sagte die damals Jugendliche, jetzt selbst junge Mutter. „Man hat gespürt, dass dich das auch getroffen hat.“ Der Theologe Johann Baptist Metz spricht von der „Compassion“, der „Mitleidenschaft“. Metz nannte Compassion in seinen Vorlesungen sogar das Schlüsselwort des Christentums. Kein Mensch möchte Mitleid. Es geht darum, mit den eigenen Handlungen zu zeigen, dass man mitfühlt.

Ich führte einmal ein Trauergespräch mit einer hinterbliebenen Frau, die sehr enttäuscht von ihren Trauzeugen war. Ihr verstorbener Mann war an Krebs erkrankt gewesen. Die Trauzeugen hatten sich nicht gemeldet, weil sie dachten, der Erkrankte würde sich melden, wenn er Unterstützung braucht, und wolle ansonsten für sich sein. Doch die Compassion ist etwas sehr Aktives. Sie verlangt Handeln. Im Fall der Jugendlichen im Zeltlager war es das Zuhören, aber auch das aktive Hinschauen: Wer sollte lieber nach Hause? Wer kann emotional nicht mehr? Im Fall des Verstorbenen wäre es an den Trauzeugen gewesen, die Hilfe anzubieten: einen Fahrdienst oder einfach ein Gespräch. Nicht aus Mitleid, sondern aus Mitleidenschaft, weil sie den Leidensweg aktiv begleitet hätten.

Ich hatte in einer meiner Gemeinden eine Jugendliche in einer akuten Krise. Ich sagte ihr: In deiner Situation kannst du mich die nächsten drei Tage Tag und Nacht anrufen. Damit habe ich ihr die Hilfe zur Selbsthilfe gegeben. Aber dann, nach diesen drei Tagen, musste sich das auch wieder lösen. Warum? Damit die Selbsthilfe möglich wird. Den anderen Jugendleitern in dem Zeltlager im Loveparade-Jahr sagte ich bei meiner Abreise: „Ihr müsst immer aufmerksam sein. Wenn ihr merkt, dass irgendwo etwas an Stimmung kippt, ruft mich an." Dadurch wurden die Jugendlichen die Handelnden, nicht ich war der Handelnde. „Ihr entscheidet, wie ich euch unterstützen kann", darum ging es. Das konnte ihr eigenes Tun stärken, ohne sie einer Hilflosigkeit auszuliefern – denn ich wäre im Zweifel ja immer da gewesen. Das ist Empowerment: den Menschen nicht schwächer machen, sondern an seine Ressourcen anknüpfen, um seine Autonomie und Selbstbestimmung zu stärken.

Sie merken vielleicht, dass mir in diesem priesterlichen Amt die Nähe zu den Menschen das Wichtigste war. Im Pfarrheim waren jeden Tag Gruppenstunden. Da ließ ich mich natürlich blicken. Nicht als Kontrolleur. Ich fragte einfach: Was macht ihr da? Dann gab es ein kurzes Gespräch, und so war die Gelegenheit da, auch mal ein wichtiges Thema anzusprechen. Das Pfarrhaus war mir immer ein Begegnungsfeld. Ein Taubenschlag, in dem viel Leben war. Aber das war gut so. Ich habe auch bewusst im Pfarrhaus gelebt, nicht entfernt von der Gemeinde. Wenn ich Rasen mähte, wurde das zu einer Art Sprechstunde. „Du Thomas …", „Herr Laufmöller …" – da brauchte ich für die Pflege meines kleinen Rasens am Ende manchmal so viel Zeit wie manch ein Gärtner für einen Park.

Genauso war es auf meinem Weg zur Schule. Viele Jahre war ich zu fünfzig Prozent, am Ende meiner Arbeitszeit als Priester sogar zu siebzig Prozent Lehrer und Schulseelsorger an der bischöflichen Friedensschule in Münster. Diese liegt im Einzugsbereich der Stephanus-Gemeinde. Zur Schule bin ich mit dem Fahrrad immer eine halbe Stunde früher gefahren, als ich eigentlich musste. Ich wusste einfach, ich werde auf dem Weg dorthin viele Menschen treffen. Das war manchmal nur ein Gruß. Aber oft hielt ich auch an, und es gab ein kurzes Gespräch. Und schnell war die halbe Stunde vorbei, die ich als Zeitpuffer eingeplant hatte.

Es gibt ganz viele Schulseelsorger, die nicht unterrichten. Ich hatte das Glück, mich zusammen mit meinem eng befreundeten Mitbruder Dr. Lothar Heiser sehr gut auf den Unterricht vorbereiten zu können. Er selbst war Priester, Lehrer und Schulseelsorger am Annette-von-Droste-Hülshoff-Gymnasium in Münster. Er war sehr gebildet und konnte theologische Gedanken und Zusammenhänge äußerst gut und in verständlicher Sprache erklären und nahebringen. Einige seiner Schülerinnen und Schüler sagten sogar: „Der ist besser als Google." Wie recht sie hatten. Lothar ist im Oktober 2022 gestorben, und ich bin unendlich dankbar, ihn als Freud und treuen Wegbegleiter gehabt zu haben.

Als Schulseelsorger hast du ein ganz anderes Standing unter den Kolleginnen und Kollegen, wenn du nicht nur den pastoralen Dienst ausführst, Gottesdienste vorbereitest oder Gesprächsangebote einrichtest, sondern auch unterrichtest, insbesondere in der Oberstufe mit Abiturvorbereitungen und -prüfungen. Ich wollte dabei sein, wenn Konferenzen waren. Da bekommst du auf einmal alles aus dem Leben der Schülerinnen und Schüler und von deren Familien mit. Leistungsabfälle erklären sich womöglich durch Krankheit in der Familie, es gibt Sorgenschüler, die nicht nur bei dir im Fach schwierig wirken, sondern ganz offenbar ein großes Problem in sich tragen, meist kein intellektuelles. Und meine Lehrerkolleginnen und -kollegen wussten: Okay, der Laufmöller ist Seelsorger und Lehrer. Das hat meine Rolle bei ihnen gestärkt. Zumal ich mich als offizieller Kirchenvertreter im Kollegium auch leicht hätte unbeliebt machen können. Denn in meiner Tätigkeit hatte ich tatsächlich den Auftrag, die Kolleginnen und Kollegen anzusprechen, die ohne den kirchlichen Segen verheiratet waren. „Na, wann holt ihr denn eure kirchliche Hochzeit eigentlich nach …" Auch sollte ich die Familien besuchen, deren Kinder nicht getauft waren, um sie in einem Gespräch zur Taufe zu bewegen. Stellen Sie sich solche Gespräche heute vor! Ich habe das von meiner inneren Haltung her abgelehnt und es nicht umgesetzt. Aber so war das Verständnis von katholischer Kirche für ihre Mitarbeiterinnen und Mitarbeiter. Doch auch hier gilt: erst die Anthropologie, dann die Theologie. Wenn ich mit diesen Lehrerinnen und Lehrern als Mensch nicht eine Gesprächsebene gefunden hätte, wären sie von mir als Priester vielleicht nie erreicht worden.

Ich habe in den letzten Jahren als Schulseelsorger nur in der Oberstufe unterrichtet. Glücklicherweise sahen die Schülerinnen und Schüler mich nicht nur als Teil des Kirchensystems. Sie merkten, dass ich mich mit den Problemen der Kirche auseinandersetzte. Das gab mir gute Möglichkeiten, in der Oberstufe sehr offen über alle Themen zu sprechen und zu diskutieren. Zum Beispiel über Missbrauch oder Machtstrukturen in der Kirche. Insbesondere die Schülerinnen hatten keinerlei Verständnis für die Beschränkungen für Frauen in der Kirche. Sie können sich vorstellen, dass es in diesen Gespräche und Diskussionen hoch herging. Aber was für eine lebendige Kraft solch ein Austausch hat! Und wie gesund es ist, bestehende Regeln nicht einfach hinzunehmen, sondern zu hinterfragen. Da hat sich die Gesellschaft in den Jahrzehnten meiner Priestertätigkeit immer weiter geöffnet und an Selbstbewusstsein gewonnen, eine unnahbare Autorität gibt es heute nicht mehr. Selbst ein Papst wird hinterfragt.

Gerne nehme ich Sie aber jetzt wieder mit in den Alltag der Pfarrgemeinde mit ihren Aufgaben und Verantwortungen. Morgens zuerst die Zeit im Pfarrbüro. Dann die Schule. Und am Nachmittag folgte ein Termin auf den anderen. Aber ist das denn eigentlich Arbeit, wenn du einen Hausbesuch machst? Oder ist das nicht auch eine Bereicherung? Oft sagten mir die Menschen nach einem Gespräch: „Thomas, ich konnte jetzt ganz viel mitnehmen." Für mich war das immer das größte Kompliment. Und ich sagte zu mir selbst: „Wenn du keine eigene Familie hast, dann orientierst du dich am Vorbild eines guten Vaters oder einer guten Mutter, an Eltern, die von der Arbeit nach Hause kommen und sich dann Zeit für die Familie nehmen." So gehört für mich als Priester die Nähe zur Gemeinde dazu – sich Zeit nehmen an Stellen, wo eigentlich keine da ist. Wer hat heute noch Zeit? Und warum hat dann nicht wenigstens der Priester Zeit?

In den vielen Jahren in St. Stephanus musste ich mir täglich eine Stunde Zeit für Verwaltungsaufgaben nehmen. Da ging es um die Organisation von Festen oder um Finanzen, um Bauvorhaben oder Personalfragen. Eine Stunde – aber nicht mehr. Ich denke, jeder Seelsorger in der katholischen und evangelischen Kirche würde sofort einschlagen, wenn ihm jemand eine Tätigkeit mit nur einer Stunde Verwaltung am Tag anböte. So war es bei mir lange Zeit. Aber dann kamen die nicht enden wollenden und immer größer werdenden Fusionen, eine Antwort auf die Veränderungen der Kirche. Wer zuvor für eine Gemeinde zuständig war, wurde es nun für vier. Vier Gemeinden heißt aber viermal eine Stunde Verwaltung. Und dazu kommt noch die Fahrtzeit, wenn ich für ein Bauvorhaben auch tatsächlich mal das Gebäude angucken muss oder es für einen wichtigen Antrag „noch schnell" eine Unterschrift braucht.

Für mich persönlich war 2015 das Schlüsseljahr. Damals musste die Stephanus-Gemeinde fusionieren und verlor damit ihre Eigenständigkeit. Das hat alles verändert. Ich war nicht der leitende Pfarrer des neuen Verbunds und wollte es auch nicht werden. Das wurde der zur neuen geistlichen Gemeinschaft Emmanuel gehörende Dr. Christian Schmitt. Fortan gab es ein größeres Team an Hauptamtlichen. Und es gab neue Gremien der Ehrenamtlichen. Ich habe meine eigenen Erfahrungen, und ich habe viele Gespräche geführt: Diese größeren Runden machen den seelsorgerischen Ertrag kleiner. Bringt jemand kreativen Schwung mit, hat er eine gute Idee, dann verpufft sie in den vielen Vorbehalten, auf die er trifft, und den permanenten Diskussionen. Manche suchen die Arbeit, aber viele versuchen sich vor ihr zu drücken, was die Arbeitsprozesse immer zäher macht. Ich kenne nicht einen Pfarrer, nicht eine Pfarrgemeinde, nicht einen Pfarreienverbund, die die großen kirchlichen Einheiten als Erfolgsmodell preisen. Man entdeckt, dass das alles nicht weiterführt – aber es wird trotzdem angeordnet und unterstützt.

In vielen Gemeinden wird gesagt, dass durch Corona vieles zum Erliegen gekommen sei. Aber es war nicht wegen Corona. Corona war nur der äußere Auslöser. Die neuen, großen, vom Menschen abgewandten Strukturen sind der eigentliche Grund. Für mich lautet die Frage immer, ob die Kirche in ihren Strukturen noch den Menschen dient. Ich hatte ein Gespräch mit einem Sozialarbeiter. Das Verhältnis zwischen denen, die sozial arbeiten, und denen, die Sozialarbeit verwalten, werde immer schlechter, sagte er. Zu Ungunsten der Sozialarbeit natürlich. In der Kirche ist es dasselbe, obwohl es immer schon die Appelle gab, sich den Menschen zuzuwenden. Der französische Bischof Jacques Gaillot schrieb in den 1990er Jahren ein Buch mit dem Titel *Eine Kirche, die nicht dient, dient zu nichts*. Wie recht er hat! Aktueller könnte es nicht sein.

Ich habe mich immer gefragt, wie ich die Jugendarbeit am besten gestalten kann. Der Altersunterschied zwischen mir und den Jugendlichen ging ja immer weiter auseinander. Und die Jugendlichen bei mir vor Ort hatten mir auch deutlich gemacht, dass sie unabhängig sein wollten. Das war manchmal sogar schmerzhaft, weil ich ja besten Willens auf sie zugegangen bin. Aber natürlich war es völlig richtig, dass sie diese Unabhängigkeit einforderten. Und trotzdem suchte ich immer wieder das Gespräch, und auch sie sind mit mir ins Gespräch gegangen. So hatte ich ein gutes Gefühl, wie die Stimmung ist. Und was bei den Jugendlichen gilt, das gilt ja auch in Variationen bei den Erwachsenen. Wo sind die Menschen, die ankurbeln, die eine Gemeinde tragen? Die finde ich nur, indem ich mich ihnen zuwende und mich mit ihnen intensiv austausche.

Wenn du die Nähe zu den Menschen suchst, wenn du mit ihnen verbunden bist, entsteht auch viel Hilfe. Ganz oft musste ich fast direkt nach der Schule eine Beerdigung leiten und begleiten. Kaum war ich aus der Schule raus, standen schon die ehrenamtlichen Helfer auf dem Kirchplatz. Sie hatten alles vorbereitet, was wir für die Beisetzung brauchten. Ich lud die Helfer und Helferinnen zu mir ins Auto ein und fuhr mit ihnen zu dem Friedhof, auf dem die Beerdigung stattfand. Das klingt, als hätte ich die Menschen eher so nebenbei unter die Erde gebracht. Aber das Gegenteil war der Fall. Man kann natürlich nicht, wenn man aus dem Unterricht kommt, sofort auf den Friedhof fliegen, den Schalter einfach umlegen. Ich hatte mich immer schon ganz in der Früh auf diesen Moment vorbereitet. Zuerst meditiert. Mich dann nochmal mit dem Trauergespräch befasst, gelesen. Durch diese Vorbereitung war ich schon gefestigt. Wie bei keinem anderen Gottesdienst kannst du als Seelsorger bei einer Beerdigung viel im Herzen der Menschen unwiderruflich zerstören. Erinnern Sie sich an die Traueranzeige, die 2016 in ganz Deutschland Schlagzeilen gemacht und das Erzbistum Köln zu einer Entschuldigung veranlasst hat? Die betroffene Familie schrieb damals: „Bei allen Mittrauernden, die am 12.02.2016 in Kerpen an der Beerdigung unseres Vaters teilnahmen, möchten wir uns für die vom Pfarrer fürchterlich abgehaltene Messe entschuldigen. Bei unserem Vater taten wir dies bereits auf dem Weg zum Grab." Es wurde nie bekannt, was genau bei dieser Messe passiert ist. Aber auch ohne solch einen extremen Fall: Mit der Entfremdung von uns Priestern von den Gläubigen wird auch der letzte Dienst liebloser, anonymer, desinteressierter. Es ist nicht immer leicht, ein Gefühl für eine Verstorbene oder einen Verstorbenen zu bekommen. Aber je weniger Nähe es gibt, je weniger ich mich auf den Menschen einzulassen bereit bin oder einlassen kann, desto schwieriger wird es auch. Wissen Sie, wann ich die meisten Trauergespräche und die meisten Vorbereitungsgespräche für eine Hochzeit geführt habe? An einem Sonntag. Ich habe die Menschen sonntags getroffen, weil dann fast jeder Mensch die größte Ruhe hat.

Ich habe zwischen vierzehn und sechzehn Stunden am Tag gearbeitet und bin froh, dass mir Gott diese gute Konstitution geschenkt hat. Das war in meiner Kindheit nicht vorstellbar, dass ich im Alter so einer Belastung standhalte. Natürlich habe ich mir auch meine Auszeiten genommen, ich habe gejoggt und bin schwimmen gegangen. Aber vor allem war für mich als zölibatär lebendem Priester das Thema Heimat wichtig. Heimat lebt nicht von den Steinen, sondern von den Menschen. Das kann dann aber über Jahre wirken – selbst in Freiburg, wo ich bis 1992 war, gibt es heute noch Kontakte und melden sich Menschen. Denn auch als zölibatär lebender Mann weiß ich, dass ich ein Beziehungsmensch bin – durch diese Beziehungen und eine aufgeschlossene Theologie sind enge Bindungen entstanden.

Meine Hauptaufgabe war zu sagen, Jesus lebte, um den Menschen Gott zu bringen. Mir sind die Geistlichen sympathisch, die sagen, wir holen die Menschen in ihren Lebensräumen ab. Und die dann zum Beispiel in die Kneipen in ihren Orten gehen und mit Menschen sprechen. Ich bin kein Kneipengänger. Aber wir hatten auch einen großen Sozialraum in der Aaseestadt Münster. Die katholische und evangelische Kirche, das Canisiushaus als Kloster, die Friedensschule und den Sportverein Blau-Weiß Aasee.

Gerade im Sportverein gab es viele niedrigschwellige Begegnungen und Kontakte mit der Kirche. Die Vielfalt war außerdem noch größer als in einer Kirchengemeinde. Dort waren einfach viele Menschen aus der Aaseestadt sportlich aktiv, ich auch. Wie viele Menschen man dort an einem Abend getroffen hat! Wie viele Gespräche dort stattgefunden haben! Für mich ist so ein Sportverein ein pastoraler Raum, der ist auch geistig, spirituell bestückt. Meine große Vision jedenfalls war, dass wir bei uns in der Aaseestadt aus dem Sozialraum einen großen, pastoralen Raum mit diesen fünf Playern bilden: Stephanus, Canisiushaus, evangelische Gemeinde, Friedensschule und Sportverein. Das ist nicht gelungen.

Ich hatte damit angefangen, das zu bedenken und erste Ideen zu entwickeln. Aber ich durfte nicht mehr weitermachen. Der große pastorale Raum war eine gemeinsame Vision mit einigen Brüdern des Canisiushauses. Und ich denke, sie hätte unserem Stadtteil gutgetan. Gescheitert ist es vermutlich daran, dass wir alle keine Machtmenschen waren, viel zu unpolitisch vielleicht.

Vermutlich war zu viel Naivität und Unbedarftheit in der Idee. Auf jeden Fall wäre das Thema auch spätestens an dem Wandel hin zu immer konservativeren Haltungen in Münster gescheitert. Für die Vision als solche schäme ich mich aber kein bisschen – ein pastoraler Raum mit in Ökumene verbundenen Kirchengemeinden, einem Kloster, einer Schule und einem Sportverein in guter, freundlicher Nachbarschaft. Ich würde gerne in solch einer freundlichen, dem christlichen Leben positiv zugewandten Umgebung leben. Warum so etwas nicht gewollt war und ist, werde ich nie verstehen.

8. Es ist doch Poesie im Wort der Bibel

Über all die kirchlichen Grabenkämpfe gerät eines in Vergessenheit. Es ist die Poesie im Wort der Bibel. Es gibt einen wunderbaren Schatz im geschriebenen Wort, mit vielen bewegenden Antworten auf die Fragen und Themen des Lebens. Aber es braucht Auslegung, Vermittlung, Menschen, die darüber sprechen und das Wort teilen können.

Darum ist es wichtig, Experten zu haben. Ich fühle mich darin bestärkt zu betonen, wie entscheidend es ist, dass wir weiter Theologen haben, und wie wertvoll es oft ist, was diese uns mitteilen können. Dazu ein Beispiel aus dem Schulalltag: Der Sohn eines Freundes hatte in Bayern sein Deutschabitur abgelegt. Er war nur auf den Themenbereich Lyrik vorbereitet und musste in der Prüfung folglich nehmen, was drankam. Es kam ein modernes Gedicht an die Reihe: „unterwegs im nebel" (von Jan Wagner, 2001). Für die Abiturienten war es eine riesige Herausforderung, etwas damit anzufangen. Das lag sicher an dem sehr speziellen Text und daran, dass die Schulen vor allem auf Klassiker, aber nicht wirklich auf etwas Modernes vorbereitet hatten. Es lag aber vor allem daran, dass die Lernenden kein Werkzeug für die Analyse solch eines Textes zur Verfügung hatten. Es fehlte trotz der guten Schulbildung das Grundverständnis – erst als ein paar Germanisten ihre Interpretation des Gedichtes abgaben, öffnete sich der Text für die Schüler. Da war es zu spät.

Genauso ist es mit der Bibel. Die Bibel ist Poesie. Poesie vom Feinsten, möchte ich sagen. Echte Weltliteratur, mit Gedanken, die durchs Leben tragen können. Und das tun sie bei großen Teilen der Menschheit schon seit Jahrhunderten. Aber nicht jeder Gedanke, nicht jedes Bild der Bibel verfängt. Manches ist nicht zu verstehen, anderes ist zumindest zweideutig. Spätestens hier setzt die Bedeutung der Theologie ein. Sie hilft, dass die Bibel ihre Kraft entwickeln kann.

Ich habe auch jeder kirchlichen Gruppe, die eigenständig für sich eine gute Arbeit gemacht hat, immer wieder Gespräche über die Bibel angeboten. Und ich habe in meinen Gottesdiensten immer wieder versucht, einen roten Faden zu finden, indem ich moderne Texte und die in dem Gottesdienst an dem Tag anstehende Bibelstelle verband. Ich habe gemerkt, dass dieser rote Faden in einer Messe wichtig für die Menschen war, um die Gedanken des Bibeltextes zu verinnerlichen. In der Kombination aus Originaltext der Bibel und neuer geistlicher Literatur gelang es mir meistens am besten, die Menschen in ihrer Lebenssituation zu erreichen.

Gerne möchte ich das konkretisieren. Ich habe mir drei Bibelstellen ausgesucht, um zu zeigen, wie ich diese von ihrem eher schwer zu verstehenden Inhalt zu einer echten Bereicherung aufgebrochen habe. Die erste Stelle findet sich im Buch der Könige (1. Könige 19), sie heißt: Elia am Horeb. Ich hatte diese Stelle als Lesung für die schon erwähnte diamantene Hochzeit meiner Eltern ausgewählt. Luis, einer der sechs Enkel meiner Eltern sollte die Stelle im Gottesdienst lesen. Ein paar Tage vor dem großen Fest bekam ich einen Anruf von meiner Schwägerin, seiner Mutter. Sinngemäß sagte sie: „Thomas, alles klar, Luis liest die Stelle gerne. Sein Problem: Er versteht sie nicht." Wir sprachen dann länger darüber. Ich erklärte die Bibelstelle, und Luis konnte die Lesung mit einem ganz anderen Verständnis vortragen. Ich habe es oft so gehalten, dass ich in einem Gottesdienst gerade die unzugänglichen Stellen länger erklärt habe.

Bei diesem unheimlich alten Text über den Propheten Elia aus dem Alten oder besser Ersten Testament zeigt sich für mich mit überraschenden Bildern, dass der Glaube ein Weg durch die Höhen und Tiefen des Lebens ist. Elia wandert. Er wandert von Beerscheba in die Negev-Wüste. Diese wasserlose, lebensfeindliche Wüste entspricht dem lebensmüden und hoffnungslosen Mann.

Seine Müdigkeit ist groß, das Gefühl der Verlassenheit kaum auszuhalten. Er wünscht sich sogar den Tod. So ausweglos sieht er sein Leben, Resignation macht sich breit, er legt sich schlafen. Wenn wir auf diese Art und Weise die Bibel lesen, dringt die Kraft dieser poetischen Texte zu uns Menschen. Die Müdigkeit meines eigenen Lebens, meine eigene Hoffnungslosigkeit kann ich nun betrachten, indem ich so die biblischen Texte lese und auf das Leben des Elia schaue.

So geht die Erzählung weiter: Gott lässt Elia nicht allein. Er reicht ihm Brot und Wasser. Elia isst und trinkt und legt sich erneut schlafen. Dann wird er ein zweites Mal von Gott berührt. Und Gott ruft ihm zu: Steh auf und iss, denn der Weg ist weit. Auf Gottes Weisung und Berührung steht Elia auf, isst und trinkt und wandert zum Gottesberg, zum Horeb, zum Sinai. Gestärkt und berührt von Gott, geht er ihm entgegen. Auch hier ist der Berg Poesie, ein heiliger Ort. Und deshalb hat der Weg zum Gottesberg Horeb eine eher theologische als historische Dimension. Vierzig Tage und Nächte – auch hier wieder eine symbolische, heilige Zahl – wandert Elia zum Gottesberg Horeb und somit Gott entgegen. Auf dem Gottesberg zieht sich Elia zurück, in eine Höhle. Es kommt dort zu der entscheidenden Begegnung.

Es ist ein kurzer Text, vielleicht könnte man sagen, eine tiefe verbale Zurückhaltung vor dem großen Geheimnis, vor der wunderbaren Begegnung mit Gott. In einem neuen geistlichen Lied heißt es: „Du bist mein Zufluchtsort." Ein wunderbares Lied, das ich gerne singe. Der Ort des Geschehens ist also eine Höhle im Gottesberg. Orte haben in der Bibel niemals nur eine geografische Dimension, sondern auch eine theologisch spirituelle. Elia erlebt die Erscheinung Gottes/JHWHs als ein Vorüber. Er wird aus der Höhle herausgerufen und erblickt und spürt davor nun die Naturgewalten. Zuerst einen Sturm, der Berge zerreißt und Felsen zerbricht. Danach ein Erdbeben und nach dem Beben ein Feuer. Aber in all diesen Gewalten, in all diesen Kräften ist Gott nicht gegenwärtig. Gott kommt, aber er kommt nicht in großer Macht, sondern in einem Säuseln. So steht es in der Textstelle. Oder wie Martin Buber es sagt – eine wunderbare Übersetzung: Gott kommt in einer Stimme verschwebenden Schweigens, sozusagen in einem Hauch, zurückhaltend und sanft. Du musst schon gut nachspüren, empfänglich sein, um seine Gegenwart zu spüren.

Welch ein wunderbarer Impuls, gerade für unsere Zeit. Überall nehmen wir nur Lautes wahr, unsere biblischen Gewalten sind die Kriege dieser Zeit und die im Zusammenhang mit dem Klimawandel stehenden Naturkatastrophen, unser eigener Lärm die sozialen Netzwerke mit ihren tausendfachen Kommentaren. Und dann kommt ein Gott, der säuselt. Es ist schwer vorstellbar, wer in unseren Zeiten wie Elia dieses Säuseln hört und Gott erkennt. In der Einheitsübersetzung steht: „Nach dem Feuer kam ein sanftes, leises Säuseln. Als Elia es hörte, hüllte er sein Gesicht in den Mantel, trat hinaus und stellte sich an den Eingang der Höhle." (1Kön 19,12–13) Nach dieser Begegnung mit Gott geht der davor lebensmüde Elia mit einem neuen Auftrag zurück nach Damaskus.

Die alttestamentliche Stelle vom Propheten Elia wird kaum gelesen. Eine andere, viel bekanntere Stelle ist die vom Sturm auf dem See im Neuen bzw. Zweiten Testament. Sie kennen die Textstelle sicherlich, es steckt auch unheimlich viel Kraft darin. Jesus geht übers Wasser, der kleingläubige Petrus versinkt beim Versuch, das nachzumachen. Jesus rettet Petrus und beruhigt den Sturm auf dem See Genezareth (Mt 14,22–33). Auch bei dieser Stelle möchte ich nicht mit der geografischen Dimension von Wasser beginnen, sondern mit der poetisch biblischen. Wasser als Ort der Gefahr, der Angst, der Bewährung. Und das Boot ist die einzige Möglichkeit, sich auf dem Wasser zu bewegen und zu wandeln. Nur Jesus steht über dieser Gefahr, nur er kann über das Wasser gehen.

Es gibt kein Leben ohne Angst. Wer trägt dich in den Ängsten deines Lebens? Wenn es plötzlich eng wird? Wenn die Angst dein Leben bestimmt? Wenn die Chaosmächte dich überwältigen? Wenn plötzlich die Stürme des Lebens kommen, die dich unsicher machen, die dich aus dem Lot bringen, in denen du ins Schwimmen gerätst? Die Jünger können sich nur mit Not über Wasser halten. Das Wasser steht ihnen bis zum Hals. In dieser Not kommt Jesus ihnen entgegen. Wind, Wellen, Sturm sind die Chaosmächte. Jesus, dem Sohn Gottes, sind diese Chaosmächte untertan. Jesus versinkt nicht. Doch die Jünger: Sie können es nicht glauben. Sie können ihn nicht erkennen, weil kein Mensch über das Wasser gehen kann. Sie erkennen nicht, dass Jesus mehr als ein Mensch ist, dass er ganz durchdrungen ist von der Liebe Gottes, und die schafft Unmögliches, die lässt übers Wasser laufen. Die Jünger erkennen ihn nicht, weil sie blind vor Angst sind.

Der Gegenwind ist das Bild dafür, dass mir etwas entgegengestellt wird, mich zurückdrängt, zurückbläst. Wenn der Wind dir ins Gesicht bläst, verschließt du oftmals die Augen. Der biblisch-poetische Gedanke ist: Die Jünger verschließen nicht nur ihre sinnlichen Augen, sondern die Augen ihres Herzens. Und dann wagt Petrus doch das Unmögliche. Als er schließlich Jesus erkennt, geht er ihm über das Wasser entgegen. Welch ein Vertrauen! Welch ein Wandel, Übermenschliches riskiert er, weil er glaubt, weil er vertraut. Solange er den Blick auf Jesus lenkt, findet er Halt. Als er auf den Wind, die Wellen und das Tosen des Meeres blickt, auf die Chaosmächte, bekommt er Angst. Er geht unter, weil er den Blick auf Jesus, weil er den Blick auf Glaube, Hoffnung und Liebe verloren hat. In dieser Situation packt Jesus ihn am Schopf, zieht ihn heraus und richtet ihn auf. Das ist Auferstehung mitten im Leben. Der Name Jesus heißt: Gott rettet.

Du kannst nicht tiefer fallen als in die Hände Gottes: Dieses Wort fällt mir bei dieser Bibelstelle ein. Es ist eine Erzählung der Ängste des Menschen, aber auch eine Geschichte des Glaubens, der Liebe und des Vertrauens. Fühl dich hinein in das Leben der Jünger, fühl dich hinein in die Gefühle des Petrus, und lass dich – gerade in den Ängsten deines Lebens – hineinfallen in die liebenden Hände deines Schöpfers. Dorothee Sölle sagt: „Am Ende der Suche und der Frage nach Gott steht keine Antwort, sondern eine Umarmung." So lese ich auch diese Bibelstelle. Jesus packt Petrus beim Schopf und nimmt ihn in seine Arme. In dieser Liebe kann er neue Wege gehen mit mehr Vertrauen. Und dann sind diese poetischen, theologischen Worte voller Kraft und Segen.

Eine dritte Stelle, die für mich ein guter Beleg für die Wichtigkeit der Theologie ist, ist das Gleichnis von den Arbeitern im Weinberg (Mt 20,1–16). Nach meiner Auffassung werden die Gleichnisse Jesu viel zu wenig in den Blick genommen. Primär wird der Schwerpunkt auf sein Sterben, seinen Tod und die Auferstehung gelegt. Dabei sind die Gleichnisse so entscheidend. Jesus selbst hat in seinem Leben die Reich-Gottes-Botschaft an die erste Stelle gesetzt, und diese wird in den Gleichnissen in besonderer Weise deutlich. Das Gleichnis von den Arbeitern im Weinberg ist wohl eines der populärsten, weil daraus die Kurzformel entstanden ist: „Die Letzten werden die Ersten sein." Manch Fußballfan eines Absteigers tröstet sich mit dem Zitat und glaubt, dass es in der nächsten Saison wieder direkt nach oben geht. Im biblischen Gleichnis geht es nicht um Fußball, sondern um einen Gutsbesitzer und dessen Weinberg. Ins Neudeutsch übersetzt: Der Winzer beschäftigte Tagelöhner. In diesem Gleichnis warb er sie zu unterschiedlichen Zeiten eines Tages an. Diejenigen, die ihre Arbeit frühmorgens begonnen hatten, bekamen am Feierabend aber denselben Lohn wie diejenigen, die der Winzer erst nachmittags angeworben hatte. Im Gleichnis von den Arbeitern im Weinberg scheint zunächst eine Ungerechtigkeit sichtbar zu werden. Aber nur oberflächlich. Ohne tiefer hinzuschauen, könnte man meinen, dass es völlig ungerecht sei, wenn jemand, der zehn Stunden arbeitet, genauso viel Geld bekommt wie der, der nur eine Stunde arbeitet. Auch hier ist es wieder wichtig, tiefer in den Text einzutauchen und Hintergründe in der Interpretation zu sehen. In der damaligen Zeit waren die meisten Menschen Tagelöhner. Wenn sie den Tageslohn nicht erreichten, war das auf Dauer eine existenzielle Frage, es ging um das Überleben der Familie. Außerdem könnte man fragen: Hat der Gutsherr auf dem Markt den erst spät eingestellten Menschen anfangs übersehen, als er zum ersten Mal auf dem Markt war? Hat dieser sich zu wenig getraut, seine Fähigkeiten anzubieten? Muss man immer gleich denken: Er wollte nicht, weil er zu faul ist? Wir müssen auf die Hintergründe schauen.

Das Evangelium beginnt mit dem Wort: „Mit dem Himmelreich ist es wie mit einem Gutsbesitzer, der früh am Morgen hinausging, um Arbeiter für seinen Weinberg anzuwerben.“ Im Blick auf das Himmelreich geht es nicht nur um Leistungsgerechtigkeit, sondern um Bedarfsgerechtigkeit und Barmherzigkeit mit denen, die sonst nicht das Nötige zum Leben hätten. Beide Begriffe gehören für die christliche Nachfolge unbedingt zusammen. Die christlichen Tugenden lauten: Glaube, Hoffnung, Liebe. Philosophische Tugenden kommen hinzu: Gerechtigkeit, Klugheit, Mäßigkeit, Tapferkeit. Jesus sieht die Not des Menschen, der nur eine Stunde arbeiten darf, und er sieht darin auch die Bedrohung für seine Familie, wenn er das Lebensnotwendige nicht verdient. Jesus hat in seiner Reich-Gottes-Botschaft immer wieder deutlich gemacht: Schau in das Herz des Menschen, schau im Besonderen auf seine Ängste und Nöte. In der Bergpredigt sagt er: Selig sind die Armen. (Mt 5,3) Das ist wie ein Cantus firmus, wie eine Leitmelodie seines Lebens. Christsein heißt: in diese Melodie der Liebe mit einzustimmen.

9. Urkirche im paulinischen Sinne

Eine Abendgesellschaft. Wir sitzen zu siebt oder acht beisammen, ein paar gute Freunde. Über die Jahre haben sich die Rollen, die alle in der Gruppe einnehmen, verfestigt. Der eine Freund erzählt immerzu von der Arbeit. Vom Erfolg hier, dem unfähigen Kollegen da, von der ordentlichen Bezahlung, die er allerdings als Schmerzensgeld ansieht, da er an sich zu Höherem berufen sei. Die eine Freundin hat viel Last zu tragen. Sie kümmert sich um den kranken Vater, um die in Scheidung lebende Schwester und um ihren eigenen Mann, der eine manchmal wütend machende, manchmal auch rührende Unselbständigkeit an den Tag legt. Andere sind nur up to date, erzählen immer, was gerade so anliegt, ganz offen, ganz frei. Und einen haben wir in der Runde, der wenig sagt. Er scheint aber immerzu alles genau aufzunehmen, was am Tisch passiert und was dort erzählt wird. Denn es läuft fast immer gleich ab. Irgendwann kommt ein Moment, in dem sich eine oder einer öffnet und die Karten auf den Tisch legt – da gibt es ein ernstes Problem, ein akutes, freundschaftlicher Rat ist dringend gefragt. Und dieser eine, der so zurückhaltend zugehört hat, gibt nun seinen Rat. Gut gewogen, vor allem sehr treffsicher. Er hat durch die vielen Erzählungen am Tisch genau umrissen, was gerade los ist, wie die Stimmung ist. Und er findet Worte, bei denen der oder die Betroffene sagt: „Das hilft, das ist ein guter Gedanke."

Für mich ist dieser Freund wie der moderne Älteste. Heute sagen wir „ältester" nur noch, wenn wir wirklich in Zeit denken. „Das ist meine älteste Freundin, mein ältester Bruder." Früher war der Älteste das Synonym für Weisheit. Eine Autorität ohne Wahlamt, deren Meinung höher zählte als die Meinungen vieler anderer. Ich stelle es mir so vor, dass es – wie in unserer Abendrunde – auch in der Urkirche gewesen sein wird. Die ersten Christen haben kleine Gemeinschaften gebildet. Sie haben gesprochen, sie haben sich ausgetauscht. Ich stelle mir das Gespräch allerdings deutlich lebendiger und leidenschaftlicher vor als viele der Plauderrunden, an die wir üblicherweise so denken. Versetzen wir uns in die damalige Zeit: Die Lebenszeit und das Wirken Jesu lagen erst ganz kurz zurück. Es gab noch direkte Zeugen seiner Existenz oder Menschen, die von den Jüngern von Jesus gehört hatten. Und es gab eine Besonderheit, die heute im kirchlichen Alltag vergessen ist: Die Anhänger der Urkirche sahen sich als die letzte Generation, bevor das Reich Gottes auf der Welt vollendet wird. Ich weiß, die Klimaaktivisten der Letzten Generation haben mit ihren Aktionen sehr ambivalente Gefühle ausgelöst. Viele teilen die Sorgen und Ängste vor dem Klimawandel, viele ärgern sich über Protestformen wie Straßenblockaden. Aber versuchen Sie aus diesem Agieren der Letzten Generation nur einmal eines herauszuschälen: nämlich diese unerschütterliche Leidenschaft. Die Bereitschaft, für die eigene Überzeugung sogar ins Gefängnis zu gehen. Ich denke, wenn wir dies nicht kritisch als kriminelles Handeln, sondern positiv als Energie verstehen, sind wir sehr nah bei den Gemeinden der Urkirche. Bald wird das Reich Gottes Wirklichkeit auf unserer Erde, war ihre Überzeugung. Und auch diese wird ihre negativen Aspekte gehabt haben. Da werden manch ein Mann und manch eine Frau engagiert für den eigenen Glauben gekämpft haben. Da wird vermutlich viel in Bewegung gewesen sein an Gedanken, wie so eine Gemeinde leben sollte. Und da wird es Streit gegeben haben, immer wieder.

Da sind wir aber wieder bei meinem Tischgespräch. Ich verstehe sehr gut, weshalb der Begriff „Älteste“ früher eine so hohe Anerkennung genossen hat. Es gibt natürlich die verbohrten, unzufriedenen Alten. Aber es gibt doch – ich würde sagen viel, viel häufiger – auch die älteren Menschen, die aus ihren Erfahrungen immer klüger geworden sind. Sie können den Auftritt eines Heißsporns aufgrund ihrer Lebenserfahrung einschätzen: Ist da jemand so schrill, aggressiv, wütend unterwegs, weil er für seine gute Idee brennt? Oder ist jemand so, weil er durch das Auftreten fehlende Argumente überdecken und andere niedermachen will? Der Älteste, die Älteste spürt das schnell. Deshalb ist diese Rolle in der Urkirche so enorm wichtig gewesen – weise Männer und Frauen konnten mit ihren Einschätzungen dabei helfen, Entscheidungen zu treffen. Wenn ich heute an eine Gemeinde im urkirchlichen Sinne denke, würde ich für mich selbst auch eher die Rolle eines Ältesten sehen. Ich mag gerne inmitten einer Gemeinschaft leben, meine Stärke, zuhören zu können, einbringen und so für Stabilität in einer Gemeinschaft sorgen.

Aber natürlich lebt so eine Gemeinschaft auch stark vom Impuls. Anfangs warteten die Urchristen darauf, dass das Reich Gottes sehr bald kommt. Und sie warteten und warteten … Was für eine zähe, vielleicht sogar deprimierende Phase mag das gewesen sein. Wenn ich das mit der Letzten Generation vergleiche, stelle ich dort auch fest, dass die Leidenschaft der Proteste nicht mehr so gewaltig ist wie in den Anfängen. Da hat sich vieles relativiert. Wie es mit der Gruppe weitergeht, wie sich ihre Unterstützung entwickelt, wird sich wohl erst in einigen Jahren erweisen. Womöglich wäre es dem Urchristentum so gegangen, dass den Gemeinden mit der verblassenden Hoffnung auf das nahende Reich Gottes ihre Energie allmählich geschwunden wäre.

Auch die Menschen damals mussten nicht in der Kirche, in einer Kirche sein. Es gab verschiedenste Kulte, dazu das Judentum – warum also bei dieser komischen neuen Sekte der Christen mitmachen? Natürlich wird jeder sagen, dass das wohl an dieser gewaltigen Botschaft des Christentums hing. Daran, dass Gott seinen Sohn hat Mensch werden lassen, der nach seinem Tod auferweckt wurde. Sicherlich. Um diese Botschaft aber zu verbreiten und zu verkünden, davon bin ich überzeugt, brauchte es den zweiten zentralen Teil der Urkirche: die Wanderprediger. Die Ältesten waren die Bezugspersonen für die Menschen in den Gemeinden. Aber die Wanderprediger waren die Impulsgeber. Diejenigen, die ihnen die Bedeutung von Jesus nahebrachten. Die seine Geschichte, die Wunder, die Gleichnisse vermittelten. Auch Jesus war ein Wanderprediger.

Und Paulus? Wir hören seine Briefe in den Gottesdiensten. Es finden sich Dankgebet und Lobpreis darin. Aber es finden sich auch Argumentationen und Aufforderungen, wie das Gemeindeleben zu sein habe. Paulus' Briefe wurden verbreitet und geteilt. Und zusätzlich zogen Wanderprediger von einer Gemeinde zur nächsten und hielten diese quasi auf dem Laufenden. So wussten sie, wie sich die frühe christliche Kirche gerade entwickelt. Denn natürlich waren vor allem die Anfänge der christlichen Kirche von Entwicklungen geprägt. Das zeigt sich auch in den späten Paulusbriefen. Heute wissen wir, dass diese von seinen Schülern verfasst wurden. Im zweiten Brief an die Thessalonicher warnten diese unter dem Namen des Paulus davor, Irrlehrern zu folgen. Manche hätten das Arbeiten eingestellt, weil die Irrlehrer ihnen gesagt haben, dass schon das Reich Gottes vollendet ist. Die Regel sei aber, „wer nicht arbeiten will, soll auch nicht essen". Der Satz ist auch heute sozialpolitisch harter Tobak und wird zum Glück nicht umgesetzt. Aber die unmissverständliche Art der Formulierung zeigt doch, welche Autorität solch ein Brief entwickeln sollte. In dem Brief ist auch die Rede davon, wie die Paulus-Schüler einmal in Thessaloniki waren und den Menschen Vorbild gegeben haben – sie hätten nie auch nur ein Brot gegessen, ohne zu bezahlen. Außerdem hätten sie Tag und Nacht gearbeitet. Dieser Mix aus Besuchen vor Ort und sehr eindeutigen Briefen ist das zweite starke Element der frühen Christengemeinden.

Die Ältesten und die Wanderprediger sind das, was mich an urkirchlichen Überlegungen am stärksten beeindruckt und überzeugt. Ich habe schon gesagt, dass ich mich selbst bevorzugt bei den Ältesten sehen würde. Ich bin gerne in Gemeinschaft. Ich baue gerne einen intensiven Kontakt auf, stelle Bindung her – und das geht nur durch ein Leben vor Ort. Ich kenne viele Priester, die wie ich diese Bindung zur Gemeinde immer ganz besonders gemocht haben. Und die nun darunter leiden, dass ihre Hauptarbeitsorte der Computer auf dem Schreibtisch und der Fahrersitz ihres Autos sind.

Auch die Kirchen engagieren Beratungsunternehmen. Die werden eingesetzt, um etwa Verwaltungsstrukturen zu überprüfen und zu verschlanken. Aber was wäre wohl los, wenn sich solch ein Beratungsunternehmen den Arbeitstag eines Priesters oder einer Pastoralreferentin in einem Verbund mehrerer Kirchengemeinden analysierend anschauen würde? Dann würde herauskommen, dass an einem normalen Arbeitstag nur vierzig, vielleicht fünfzig Prozent der Arbeitszeit dem Kerngeschäft Seelsorge dienen. Gottesdienste und ihre Vorbereitung, Kommunion- oder Firmkatechese, Trauergespräche, Hochzeitsvorbereitungen, Taufen. Das wäre in diesem Anteil mit drin. Ein Acht-Stunden-Tag reicht dafür nicht aus. Der seelsorgerische Anteil ist nur durch viel, viel Mehrarbeit möglich. Viel Zeit vergeht bei Autofahrten oder der Verwaltungszeit vor dem Computer. Etliche Stunden werden in Sitzungen großer Teams investiert. Das Ergebnis des Beratungsunternehmens wäre denkbar einfach: Wenn die Aufgabe der pastoralen Mitarbeiter weiter die Seelsorge sein soll, muss dringend eine Restrukturierung des Seelsorgeberufs her. Das gilt für katholische wie evangelische Gemeinden, denn die veränderten Rahmenbedingungen mit weniger Geld und weniger Hauptamtlichen treffen alle. Aber warum können die Kirchenverantwortlichen dann nicht in den Strukturen der Urkirche denken und leben, wo doch die Fusionen so viel Last und so wenig Zufriedenheit bringen?

In solch einer Urkirche gibt es Wanderprediger, die sich allein aus dem Bereich hauptberuflicher Seelsorgerinnen und Seelsorger speisen. Diese Geistlichen verbreiten das Wort. Sie halten Gottesdienste, Predigten, bieten Gesprächs- und Diskussionsabende an, tauschen sich mit anderen Wanderpredigerinnen und -predigern über das aus, was die Menschen gerade bewegt. Diese Männer und Frauen sind weit weg von den Gemeinden. Sie werden eher sporadisch persönliche Kontakte aufbauen. Aber das ist Teil der Jobbeschreibung des Wanderpredigers, und ich habe im Kontakt mit

Kollegen gelernt, dass dieses Lebensmodell für manche attraktiver ist als das des Gemeindepfarrers. Immer begegnete ich Kollegen, die ganz bewusst auf Distanz leben wollten. Meine Option ist das nicht, aber ich respektiere es. Da ist jeder anders.

Die zweite Gruppe einer modernen Urkirche wären für mich dann aber die Ältesten. Während die Wanderprediger eher einen exklusiven Zirkel bilden würden, da es nun mal nicht so viele gäbe, wären die Ältesten in jeder Gemeinde anzutreffen. Im Sinne einer modernen Urkirche muss der Älteste allerdings kein besonders alter Mensch sein. Es können und sollten vor allem Menschen mit einem offenen Herzen und Ohr sein. Im Idealfall auch nicht nur einer, sondern mehrere. Und möglichst auch vom Alter her heterogen. Die Dreißigjährige hat ganz andere Themen als der Sechzigjährige. Wenn sich das ergänzt, wird es bereichernd.

Ich glaube, wenn die Kirchen in Deutschland nicht so viel Geld zur Verfügung hätten, wären sie andere Wege gegangen. Aber weil die finanzielle Not nicht da war, konnte, ganz ähnlich wie bei einem Architekten, der eine neue Stadt entwirft, am Reisbrett geplant werden. Übergeordnete Pfarreien wurden eingerichtet, die kirchenrechtlich über die untergeordneten Kirchengemeinden bestimmen durften – egal, wie unterschiedlich die Gemeinden und ihre Menschen waren. Aber warum müssen Gemeinden aufgelöst werden, nur weil es zu wenig Priester gibt? Warum lässt man nicht die Verantwortung bei den Menschen vor Ort? Lässt sie mitbestimmen und mitentscheiden? Ich glaube, dass die Kirchenstruktur, wie wir sie in der Institution der katholischen Kirche in Deutschland haben, am Ende ist. Die vielen Kirchenaustritte, die harten und anhaltenden Auseinandersetzungen der Gemeinden etwa mit den Bistumsleitungen über die Versorgung mit Priestern und Geld, sind die bekannten Anzeichen dafür. Die Menschen verlassen die Kirche meiner Meinung nach nicht primär wegen der Gotteskrise, sondern wegen der Kirchenkrise. Ich schrieb anfangs davon, dass die 1990er Jahre meiner Meinung nach noch mal eine große Blütezeit waren. Diese Blüten sind zum großen Teil längst abgefallen, ohne dass etwas Adäquates nachgewachsen wäre. Aber könnte es nicht sein, dass die Kirchenaustritte sowie die harten Auseinandersetzungen von Spannungen zeugen, die etwas Neues verkünden? Oder passiert da das andere, das Zynische: Wollen die Mächtigen in unserer zugegeben (und glücklicherweise) sehr eigenwilligen deutschen Kirche eine alte Idee umsetzen? Es ist die Idee vom schon genannten Heiligen Rest oder der „kleinen Herde". Am Ende bleiben nur noch die „Richtigen" übrig.

Aber schon einer der größten und bedeutendsten katholischen Theologen des 20. Jahrhunderts, der Jesuit Karl Rahner, schrieb, dass eine Volkskirche auch ein vollständiges Volk mit all seinen Facetten benötigt. Rahner war für mein Empfinden ein an vielen Stellen visionärer Denker, so etwa in seinem Buch *Strukturwandel der Kirche als Aufgabe und Chance* von 1972. In seinen also mehr als fünfzig Jahre alten Gedanken schrieb Rahner: „Wenn man in einem bequemen Traditionalismus und einer langweiligen Pseudoorthodoxie, die sich vor der Mentalität des heutigen Menschen und der modernen Gesellschaft fürchten, sich auf die ‚kleine Herde' beruft, wenn man uneingestanden gar nichts dagegen hat, dass die unruhig fragenden Menschen aus der Kirche auswandern, weil dann wieder Ruhe und Ordnung einziehen können und alles in der Kirche wieder so wie früher wird, propagiert man nicht die Haltung, die der kleinen Herde Christi konform ist, sondern eine kleinhäuslerische Sektenmentalität."

10. Lasst Charismen klingen

„Gott achtet mich, wenn ich arbeite; aber er liebt mich, wenn ich singe.“ Dieses Zitat von Rabindranath Tagore, dem indischen Dichter und Philosophen, hat meinen Gedanken Flügel verliehen. Tagore erhielt 1913 als erster Asiat den Nobelpreis für Literatur. Für jeden fleißig im Räderwerk des Lebens hantierenden Menschen könnte der Satz eine Zumutung sein. Du wirst als Arbeitsbiene zwar von Gott geachtet – geliebt wirst du von ihm aber erst, wenn du singst. Ein Hammer! Aber andererseits: Das wäre doch ein guter Vorsatz, wenigstens fünf Minuten des Arbeitstags zu singen. Als Bäcker beim Brotbacken, als Busfahrerin vor jeder Haltestelle, als Rechtsanwalt beim Treppensteigen vor dem Gericht oder als Herzchirurgin vor dem Eingriff am offenen Herzen. Eine persönliche Hitparade des Berufsalltags. Ich wette, der Gedanke gefällt Ihnen, Sie lächeln vielleicht gerade sogar – Singen lockert auf. Gibt es einen Beruf, in dem das gar nicht geht? Ich kann mir keinen vorstellen. Und wenn doch, muss halt die Pause dafür herhalten.

Das Singen und das Musizieren sind auch die Brücken für mich gewesen vom großen Freiburg in den kleinen, niederrheinischen Ort Pfalzdorf. Hier durfte ich mein erstes Praktikum absolvieren. Bischof Lettmann hatte mich 1992 ein gutes Stück weg vom Münsteraner Klerus an diesen Ort geschickt. Mein dortiger Pastor, Hermann Otto, war ein wahrhaftiger, ehrlicher, aufgeschlossener Priester. Ich hätte als kleiner Azubi keinen besseren Lehrherren bekommen können. Denn Hermann Otto hat das gelebt, was ich finden wollte, als ich mich als Suchender im Borromaeum angemeldet hatte. Und er hat das getan, was schon damals in meinen Vorstellungen das ideale Priestertum war und was ich hier nun erleben konnte: die Menschen in Freiheit begleiten, sie einfach machen lassen. Er sagte mir: „Probier dich aus! Wage was! Du wirst auch Fehler machen – das macht nichts. Schau hin, fang wieder von vorne an.“ Die Worte sind über dreißig Jahre alt, und sie klingen so frisch, so ermutigend in meinen Ohren nach, dass ich direkt wieder den Schwung des ersten Praktikums spüre. Ich habe in Pfalzdorf so viel Freiheit, Lebens- und Glaubensfreude erfahren. Zum Pfarrfest gründeten wir dort eine kleine Schola. Wir waren vielleicht zu zehnt. Aber die Schola wuchs. Und nach einem Jahr waren wir auf über hundert Sängerinnen und Sänger angewachsen, der Chor nannte sich die „Family-Singers“.

Wissen Sie, was mir immer wieder auffällt? Gemeinden mit einem lebendigen Chorleben kommen viel besser durch diese Krisenzeiten als andere Gemeinden. Ein klassischer Kirchenchor, ein Gospelchor, ein Kinderchor, vielleicht sogar ein Jugendchor: Das stärkt den Zusammenhalt, das fördert Gemeinschaft, das zieht Menschen an. So ein Chorleben kann auch helfen, Konflikte durchzustehen. Da kann noch so viel Streit in der Luft liegen – sobald der Chorleiter oder die Chorleiterin anstimmt, wird gemeinsam gesungen. Und dann verfliegen viele der wütenden Gedanken auf einmal wie nichts.

Sie kennen den Film *Die Kinder des Monsieur Mathieu*, oder? Es ist von der Rahmenhandlung die Geschichte eines in den USA erfolgreichen französischen Dirigenten, der nach dem plötzlichen Tod seiner Mutter nach Frankreich in seinen Heimatort reist. Und der dort auf den Kindheitsfreund aus seinem Internat trifft. In dem Jungeninternat geht es brutal zu. Die Kinder quälen sich und attackieren auch die Erwachsenen. Doch die größte Brutalität geht vom Direktor aus, der mit Gnadenlosigkeit und einem Alltag voll Schlägen und Strafen unter den Jungen Disziplin erzeugen will. In diese kalte Welt kommt der Titelheld Monsieur Mathieu. Er baut mit den Kindern gegen den Widerstand des Direktors einen Knabenchor auf. Ganz langsam gewinnt Monsieur Mathieu das Vertrauen der Jungen. Und dann begeistert er sie. Der Gesang wird immer leidenschaftlicher und schöner. Allen voran der zuvor durchtriebenste Junge, der mit Engelsstimme den Chor bestimmt – es ist der spätere Dirigent. Es ist das Happy End des Films, dass aus dem angeblich verzogenen Knaben ein musikalischer Weltstar wird. Für seinen Ausbilder, Monsieur Mathieu, ging die Zeit im Internat ohne Happy End zu Ende. Der sadistische Direktor erreichte, dass er gehen musste. Bewegend ist, wie die Jungen ihn mit Gesang verabschieden.

Als meine Rückgabe des Priesteramts bekannt wurde, bekam ich einen Brief, in dem mich der Schreiber mit Monsieur Mathieu verglich: „Auch er ging andere Wege, hatte unendlich viel Liebe und Verständnis für die Kinder, er hatte die Herzen der Kinder gewonnen. Er war herausragend anerkannt und beliebt bei den Kindern, die ihm anvertraut wurden. Das erweckt aber auch Neid und er musste deshalb gehen. Wenn man gut ist, wird man geliebt, wenn man zu gut ist, gehasst, so war es schon immer."

Sie merken daran, wie groß die Emotionen in Münster waren. Und ich erkenne, dass ein Wesenszug meines Priesterdienstes die Herzen der Menschen erreicht hat – der Gesang. Der Gesang half mir immer dabei, eine wesentliche Lehre aus meinen beruflichen Anfangsjahren umzusetzen. Als Diakon ging ich von Pfalzdorf nach Schermbeck. Der dortige Pfarrer, Franz-Gerd Stenneken, lebte mitten unter den Menschen. Er lebte mit einer großen Offenheit, einer großen Liebe zu den Menschen, geprägt vom Geist des Zweiten Vatikanischen Konzils. Stenneken lehrte mich: Erst kommt die Anthropologie, dann die Theologie. Wenn es in der Beziehung Probleme gibt oder wenn man menschlich nicht zueinander findet, ist es nicht möglich, in die Tiefe und über die Liebe Gottes ins Gespräch zu kommen. Ist die Beziehung zueinander aber in Ordnung, dann entsteht auch die Offenheit für das Wort Gottes, für den Austausch darüber. Ich meine damit nicht, dass man um jeden Preis Streit verhindern muss. Oft kommen wir erst durch Streit menschlich weiter. In der Auseinandersetzung mit meinem Gegenüber lerne ich, meine eigene Position noch einmal anzuschauen und auszudrücken. Entscheidend ist und bleibt: Wie führe ich diesen Streit? Bleibe ich fair und wertschätzend? Ich habe immer gespürt, wie ich mit Gesang auch die Herzen öffnen konnte – und wie dann Offenheit entstand, die Poesie der Bibel hören und verstehen zu wollen.

Mein Verständnis von Gemeindeleitung ist deshalb auch nahe an der Musik. Für mich selbst hatte ich schon früh ein Bild übernommen, das ich vom großartigen Reinhard Mey entliehen habe. Reinhard Mey sagt über sich: „Spielmann will ich sein." Ich sage über mein Priesterverständnis: „Ich möchte ein Spielmann Gottes sein." Auf die Gemeinde übertragen bedeutet dies, der Dirigent eines lebendigen und gut eingespielten Orchesters zu sein. Das Orchester kann nicht ohne Dirigenten spielen. Es braucht diese Leitung. Die entscheidende Frage ist, wie geleitet wird. In der Gemeinde gibt es primär Ehrenamtliche. Die lassen sich nicht gängeln, die machen nur mit, wenn das Klima stimmt, wenn sie sich wertgeschätzt fühlen, wenn der, der sie leitet, wertschätzend, einfühlsam, ermutigend oder hilfsbereit mit ihnen umgeht.

Ich glaube nicht an die völlige Hierarchiefreiheit, auch wenn ich mit meinen Vorgesetzten und vor allem meinem Bischof so zu kämpfen hatte. Hier die Kurzfassung dessen, was mir passiert war. Da gab es zuerst die Zwangsversetzung gegen meinen Willen durch Bischof Genn am 1. Advent 2020 von der Pfarrei St. Liudger in die Pfarrei St. Nikolaus in Münster-Wolbeck. Die Arbeitsstelle an der Friedensschule – auf dem Gebiet der St. Stephanus Gemeinde – behielt ich. Sie wurde von fünfzig auf siebzig Prozent erhöht. Nach dieser Zwangsversetzung bekam ich kurz vor Ostern 2021 die Weisung, binnen drei Wochen das Pfarrhaus in St. Stephanus zu verlassen. Drei Wochen Zeit für einen Auszug aus einem Haus, in dem ich fast zwanzig Jahre gelebt und gearbeitet hatte. Ich kenne Menschen, die selbst bei einem Auszug mit sechs Monaten Vorlauf irgendwann in eine nervöse Hektik geraten, weil sie das Aussortieren und Einräumen überfordert, und die dann alles planlos in Kisten stopfen oder versehentlich wertvolle Dinge wegschmeißen. Ich hatte drei Wochen Zeit! In diese Phase fiel Ostern, für Christen das höchste Fest des Jahres. Darüber hinaus wies mich Bischof Genn an, eine neue Wohnung ausschließlich auf dem Pfarreigebiet St. Nikolaus zu suchen. Ich denke, das kann gut erklären, weshalb ich mich in und noch lange nach dieser Phase traumatisiert gefühlt habe. Ich fühlte mich wahrhaft „hinausgeworfen".

Zwei Jahre nach meiner Zwangsversetzung und meinem damit verbundenen Umzug nach Münster-Gremmendorf bekam ich das Angebot und die Möglichkeit, eine wunderschöne, lichtdurchflutete, für mich genau passende Wohnung in der Nähe der Friedensschule, meinem Hauptarbeitsort, zu beziehen. Mit Freude nahm ich dieses Angebot an und zog um. Daraufhin beendete Bischof Felix Genn mein Arbeitsverhältnis mit der Friedensschule. Das wurde mir über den Generalvikar mitgeteilt. Nach dieser erneuten Bevormundung war für mich der Punkt einer grundsätzlichen Entscheidung gekommen, die lange in mir gereift war: Ich entschied mich nach reiflicher Überlegung und Beratung auch durch Supervisionen, mein Priesteramt zurückzugeben. Details hierzu können Sie in meiner Stellungnahme auf meiner Homepage www.friedensbotschaften.de nachlesen.

Trotz dieser persönlichen Erfahrungen sage ich: Es braucht Leitung. Es braucht einfühlsame Leitung, es braucht lebendige Leitung, die zum Dialog bereit ist. Der Dirigent kennt die einzelnen Instrumente. Er kennt die Töne jedes einzelnen Instruments. Er nimmt die Ideen der Instrumentalisten und ihre Fähigkeiten auf. Sein Ziel ist es, jedes Instrument, jeden Menschen besser, schöner, lebendiger, musikalischer zu machen. Seine Leidenschaft ist das Zusammenspiel und die Entfaltung der Fähigkeiten jedes einzelnen. Das ist zutiefst christlich. Der Dirigent hat aber nicht nur das einzelne Instrument und die einzelnen Töne im Blick, sondern den Gesamtklang des Orchesters. Das ist seine primäre Aufgabe – das Zusammenspiel der vielen. Dafür trägt er Verantwortung, er muss die Töne und die vielfältigen Instrumente harmonisieren. Disharmonien beleben die Melodie, müssen aber immer wieder aufgelöst werden. Der Komponist weiß dies und löst sie in wunderbaren

Harmonien auf. Ist das nicht ein wunderschönes Bild für eine Gemeinde? Es gibt Streit, so ist es nun einmal unter Menschen auch in einer Kirchengemeinde. Doch der gute Seelsorger, die gute Seelsorgerin nimmt den Streit als Dynamik an und baut daraus eine Lösung, die den Streit befriedet und die Gemeinde weiterbringt.

In der Musik gibt es eine Leitmelodie – einen Cantus firmus. Die Leitmelodie einer christlichen Gemeinde ist das Leben Jesu, und deshalb spielen die Gleichnisse auch eine so große Rolle. Jesus hat die Menschen aufgesucht, er war immer unter ihnen, hat tiefe Dialoge geführt und den Menschen liebende Impulse zum Leben gegeben. Er war in seinen Worten sehr klar, wenn es um die Liebe ging. Aber er hatte auch viel Geduld mit den Menschen, weil er um ihre Grenzen wusste.

Ich bin ein Fußballfan, und mein Lieblingsverein ist der SC Freiburg. Zwölf Jahre war Christian Streich Trainer bei diesem Verein. Das ist in diesem Geschäft mehr als außergewöhnlich. Geduld und Treue haben sie dort gelebt, das brachte ihnen ungeheure Sympathien und einen großen Erfolg. Ganz anders ist es in diesen Jahren beim FC Bayern München gewesen. Niko Kovač fünfzehn Monate, Hansi Flick achtzehn Monate. Dann wird Julian Nagelsmann zu einem Trainersuperstar erklärt, aber vorzeitig entlassen, und es bleiben so viele offene, menschliche Fragen. Geduld und Treue fanden hier keinen Raum – wie traurig, wie entwürdigend, wie unmenschlich ist das! Da gilt für mich auch nicht das Argument, dass ein Trainer in der Fußballbundesliga ausreichend Schmerzensgeld kassiert.

In meinem Verständnis, als Spielmann die Charismen einer Gemeinde zum Klingen zu bringen, war die Stimmprobe für die einzelnen Instrumente vielleicht einer der Gründe für Erfolg. Stimmprobe – ich will das musikalische Bild nicht überstrapazieren – ist das Befassen des Dirigenten mit den einzelnen unterschiedlichen Instrumenten. Nehmen wir einmal die Kommunionkatechese. Ich habe mich während der Vorbereitung zur Erstkommunion regelmäßig mit den Kindern getroffen. Wir sprachen über Gruppenstunden und Gemeinschaftsaktionen, wir planten gemeinsame Wochenenden. Und wir hatten so immer einen Austausch darüber, welche Themen bei den Kindern anstanden. Ich wusste also, wie es ihnen gerade ging, und konnte manches Thema in Gottesdiensten verarbeiten.

Manche werden jetzt denken: Was erzählt der Laufmöller denn da für eine Alltäglichkeit als Besonderheit? Jeder Priester begleitet doch die Kommunionkatechese. Sollten Sie das glauben, empfehle ich den Kauf einer Zeitmaschine. Früher stimmte dieser Gedanke weitgehend. Heute, mit den größeren Einheiten, entfernt sich der Priester oder die Pastoralreferentin oder der Gemeindereferent auch von den Kommunionkindern. Ich kannte jedes Kind beim Namen, auch das teile ich mit vielen Priestern früherer Zeit. Aber fragen Sie heute mal bei den Verantwortlichen nach der Kommunionvorbereitung. Sie werden vom puren Stress hören, von der vielen Fahrerei von einer Gemeinde in die nächste, vom Chaos der Terminplanung für Elternabende und Gottesdienste. Um zum musikalischen Bild zurückzukehren: Die Stimmprobe muss leider ständig entfallen. Die Folge: Der Klang der Stimme wird immer schiefer. Das löst bei etlichen der Hauptamtlichen einen inneren Aufruhr aus, denn zufrieden ist niemand mit solch einer Situation.

Die Charismen zum Klingen bringen heißt aber nicht immer, aktiv eine Gruppe zu managen wie die Kommunioneltern. Es heißt auch ganz oft, sich selbst zurückzunehmen, zu vertrauen. Ich hatte in unserer Kirchenverwaltung in St. Stephanus von meinen Vorgängern einen Ehrenamtlichen quasi geerbt. Dieser Mann kannte sich aus, er wusste über jedes Konto, jede zurückliegende und kommende Anschaffung, jeden Investitionsbedarf genau Bescheid. Er hatte die Haltung: „Herr Laufmöller, ich halte Ihnen den Rücken frei, damit Sie möglichst viel Seelsorger sein können." Dafür war ich sehr dankbar, denn meine Stärken liegen nicht in der Verwaltung, ich bin kein Managertyp.

Wir beiden verstanden uns dabei sehr gut, ich habe ihm immer wieder meine Wertschätzung gezeigt und, auch die Gemeinde hat ihn in einem hohen Maß wertgeschätzt. Hier hat das Charisma dieses Mannes aus seinen eigenen Stärken heraus geklungen – er war vor seiner Pensionierung in der Verwaltung tätig gewesen. Ich musste ihn einfach nur machen lassen und konnte das auch ohne Sorgen, ohne Ängste. Ich habe ihm vertraut wie meinem eigenen Vater. Doch auch hier änderte das Fusionieren alles: Als wir zu einem Verbund mehrerer Gemeinden wurden, verlor dieser Mann seine Aufgaben. Auf einmal war es vorbei, er wurde nicht mehr in dem Maße gebraucht wie zuvor, und da ist er gegangen.

Zum Charismen klingen lassen gehört für mich ganz zentral eine hohe Wertschätzung. Ich habe immer versucht, das zu formulieren. Wir haben natürlich auch ein Dankeschönfest für die Ehrenamtlichen gestaltet. Und wenn es auf deren Seite Fragen etwa familiärer Art gab, habe ich mir ganz besonders Zeit genommen. Wir hatten für unser Pfarrbüro eine bezahlte Arbeitszeit von nur 17,5 Stunden pro Woche. Das Pfarrbüro war aber 38 Stunden pro Woche besetzt. Jede Woche! Sogar in den Ferien! Das heißt, über zwanzig Stunden pro Woche sind ehrenamtlich geleistet worden. Die Menschen – wir hatten ein Team von fünfzehn bis zwanzig Personen – haben die Telefonate angenommen, am Computer liegengebliebene Arbeit erledigt, den Schaukasten gepflegt und vieles mehr. Wir hatten sogar eine Frau, die den Küsterdienst ehrenamtlich leistete. Ich wollte ihr immer eine Bezahlung vermitteln, sie lehnte das mit dem klaren Gedanken ab: „Wenn ich das als Ehrenamt mache, dann bin ich frei." Und sie sagte immer voller Überzeugung: „Hier habe ich meine Aufgabe gefunden."

Aber glauben Sie, all diese Menschen hätten diese Zeit nur aus einem Pflichtgefühl aufgebracht? Sie hätten sich irdische oder auch jenseitige Löhne versprochen? Nein, das Gesamtklima passte. Du arbeitest dann ehrenamtlich gerne, wenn du weißt, da ist ein Ort, an dem du gerne bist. Und du beendest dein Ehrenamt, wenn du merkst, du wirst ja gar nicht gebraucht, oder du fühlst dich gestresst oder ausgenutzt. Auch hier wieder meine Kritik an den fusionierten Großgemeinden: Da gibt es womöglich einen Bauausschuss, in dem Ehrenamtliche über Gebäude beraten, die sie vielleicht nie betreten haben und wohl auch nie betreten werden. Wie soll da Bindung entstehen?

Heute wird den Menschen überall vermittelt, wir haben keine Priester mehr, also müssen wir fusionieren oder etwas abschaffen. Das wird so vehement vertreten, dass längst schon keiner mehr ein Widerwort sagt. Ein intensives Framing – rede nur lange genug vom Gemeindesterben, schon ist die Gemeinde gestorben. Vielleicht sollte nur noch vom Gemeindeleben gesprochen werden.

In meinem Modell, in dem ich lange in Münster tätig war, war ich mit nur einer halben Stelle als hauptamtlicher Seelsorger für etwa 3000 Katholiken zuständig. Das hat funktioniert. Denn viele Aufgaben übernahmen die Ehrenamtlichen. Sie fühlten sich wohl und packten an. Daraus lassen sich meiner Meinung nach Modelle entwickeln, die die Lösung eben nicht nur in Fusion und Streichen suchen. Es geht um Kooperation statt um Fusion. Jede Gemeinde hat ihren eigenen Charakter, ihre eigenen Stärken. In der Kooperation teile ich diese Stärken mit anderen Gemeinden. Und ich überwinde eigene Defizite, indem ich mit anderen Gemeinden kooperiere, die diese ausgleichen können. Nehmen Sie die Jugendarbeit: Die war bei uns stark. Ich kann diese Stärke für andere Gemeinden öffnen, die keine Jugendarbeit mehr haben.

Das Entscheidende ist das Ehrenamt. Und da brauchen Kirchen gleich welcher Konfession immer einen ganz langen Atem. Dazu gehört, dass den Ehrenamtlichen etwas zugetraut wird, dass sie Fehler machen dürfen. Dazu gehört allerdings auch, deutlich zu machen, dass sie in einem Bereich mehr Kompetenz haben als man selbst. Und dass man dennoch als seelsorgerisch Verantwortlicher Leitung übernimmt. Denn die Ehrenamtlichen können unmöglich alles im Blick behalten, das schafft niemand. Deshalb können sie auch nur schwer der Dirigent sein. Aber sie können in einem Bereich aktiv sein, dort ihre Sachen verfolgen.

Das kennen wir aus dem Korintherbrief, in dem von dem einen Leib und den vielen Gliedern geschrieben steht. Dieser an eine urkirchliche Gemeinde gerichtete Brief ist topaktuell, wie er beschreibt, dass jedes Glied zum Leib gehört, auch wenn es nur seine einzelne Aufgabe erfüllt. „Gerade die schwächer scheinenden Glieder des Leibs sind unentbehrlich" ist ein wichtiger Satz für Gemeinden in Krisenstimmung. Auch der Korintherbrief weiß, dass es einen Kopf braucht, also Leitung – er weiß aber außerdem, dass der Kopf nicht ohne die Füße kann. Diese für jede Leitung eigentlich selbstverständliche Demut scheint mir immer mehr verloren zu gehen. Insbesondere dann, wenn Kirchenverantwortliche glauben, nicht auf ihr Kirchenvolk und dessen Meinung und Bedürfnisse hören zu müssen.

11. Der Mensch ist, mit wem er isst

Ich habe mit meinen 2,04 Metern Größe nie mehr als 89 Kilo gewogen. „Der ist ein dünner Schlaks", sagen sie bei mir in der Gegend. Ich bin aber kein „Kostverächter" – auch das ein eigentümlicher Begriff. Der Kostverächter verachtet, wörtlich genommen, das Essen. Gemeint ist wohl eher, dass er eigentlich zu wenig isst oder manche Speisen einfach nicht anrührt, vermutlich wegen des Geschmacks. Ich dagegen esse gerne, mag fast alles und habe auch meine täglichen Essensrituale. Weil ich ein Frühaufsteher bin, ist mir zum Beispiel ein kleines zweites Frühstück unheimlich wichtig. Da hole ich mir nach den ersten Aufgaben des Alltags noch einmal Energie. Und ich liebe es auch, in Gemeinschaft zu essen. Das ist gerade für einen zölibatären Menschen in der Lebenspraxis manchmal schwierig, da man sich ja nicht mit der Familie zu festen Zeiten gemeinsam an den Tisch setzen kann. Ich bin in den Jahren in der Stephanus-Gemeinde in Münster gerne in den Kindergarten gegangen und habe dort mittags mitgegessen. Da war ich gut versorgt. Und die Kinder kannten ihren Pfarrer als Thomas, der mit ihnen zusammen isst. Das hat Nähe geschaffen.

„Der Mensch ist, was er isst", diese Weisheit des Philosophen Ludwig Feuerbach hat für mich noch weitere Dimensionen. „Der Mensch ist, mit wem er isst" zum Beispiel. Die Mutter, der Vater werden sich durch das Essen in Gemeinschaft mit den Kindern als Familie definieren. Sie sind nicht Familie, weil sie die Kinder durch Kindergarten oder Schule möglichst woanders unterbringen wollen. Sie sind Familie, weil es diese gemeinsamen Zeiten gibt, nicht frei von Streit, aber auch nicht frei von Freude. Und da steht das Essen ganz oben auf der Liste der Familie stiftenden Gemeinschaft. Mich hat auch gar nicht überrascht, als mir ein Religionswissenschaftler erläuterte, dass es in allen Religionen überall um den Globus einen hohen Stellenwert des gemeinsamen Mahls und besondere Mahlfeiern gibt. Das Judentum kennt das Pessachmahl, durch das an den Bund Gottes mit dem Volk Israel erinnert und dieser aktualisiert wird. Der Islam hat das Fest des Fastenbrechens – bei uns heißt es oft „Zuckerfest" – zum Ende des Ramadan, für Buddhisten ist das gemeinsame Essen eine meditative Praxis. Das Mahl verbindet also die Menschen und die Religionen.

Es ist in der katholischen Kirche mit den weniger werdenden Priestern Brauch geworden, von nicht geweihten Seelsorgern oder auch Laien gehaltene Gottesdienste mit einer Kommunionausteilung zu verbinden. Ich verstehe den Sinn dahinter. Es fehlt an Priestern, die die heilige Messe feiern dürfen. Die Alternative heißt an vielen Orten Wort-Gottes-Feier. Das sind sehr gelungene Gottesdienste mit einem eigenen liturgischen Aufbau, die auch einen entscheidenden Vorteil haben. Die Wort-Gottes-Feier-Leiter und -Leiterinnen oder Gottesdienstbeauftragten kommen oft aus den eigenen Gemeinden. Also wie die Ältesten ganz im urkirchlichen Sinne. Und weil sie die Menschen in ihren Kirchen kennen, entsteht ganz automatisch eine emotionale Bindung. Die Gottesdienstbesucher fühlen sich wohl – aber wenn die Hostie nicht gereicht wird, empfinden viele Katholiken den Gottesdienstbesuch als unvollständig. Deshalb gibt es die Kommunionausteilung von geweihten Hostien, die in vorherigen Messfeiern konsekriert wurden und nun aus dem Tabernakel geholt werden. Man möchte auf Biegen und Brechen die Kommunion verteilen können.

Ich will niemanden, der damit zufrieden ist, verletzen – ich verstehe diese Sehnsucht nach dem Leib Christi. Was bei dieser Form aber untergeht, was hier fehlt, ist etwas Entscheidendes: die Wandlung. Ich habe weiter oben diesen Gedanken zur Wandlung schon einmal genannt: „Frag tausend Katholiken, was das Wichtigste an der Messe ist. Sie werden sagen die Wandlung." Und diese Wandlung soll auf einmal keine Rolle mehr spielen, weil die Kirche nicht mehr in der Lage ist, genug Menschen zur Wandlung zu berechtigen? Das ist doch kein Versagen der Gläubigen, aber die müssen es ausbaden.

Ich finde, es lohnt sich ein genauerer Blick auf die Entwicklung hin zu dem, was wir heute in der katholischen Kirche Eucharistie nennen. Die evangelische Kirche ist mit ihrem Abendmahlsverständnis schon durch ihre eigene jahrhundertelange Phase des Streits gegangen, konnte diesen aber mit der Leuenberger Konkordie 1973 beilegen. Zuvor jedoch hat es da kräftig gekracht. In der evangelisch-lutherischen Kirche setzte sich Martin Luthers Verständnis durch, der von der Realpräsenz Jesu Christi spricht. Damit ist gemeint, dass im Gottesdienst im Moment der Einnahme von Brot und Wein Jesu Leib real präsent ist. Bei den Reformierten aber ist im Sinne der Lehren von Ulrich Zwingli und Johannes Calvin das Abendmahl eine reine Gedächtnisfeier, also eine Erinnerung an den Tod und die Auferstehung Jesu. Die Protestanten haben sich auch für ihren eigenen Geschmack genügend um die Deutung gestritten und den Streit beilegen können.

Unter Katholiken ist allein die Eucharistie als Mahl geläufig. Dabei gibt es noch eine zweite Form, deren Wert insbesondere für die Gemeinschaft nicht hoch genug angesehen werden kann: die Agape. Wir haben auf meiner Kaplanstelle in Mettingen mit der Christlichen Jugend Mettingen jeden Sommer Jugendfreizeiten in La Vineuse abgehalten, einer kleinen Bauernschaft nahe Taizé. Mittags und abends sind wir meistens zu den Gebetszeiten in Taizé gewesen, ansonsten haben wir unser eigenes inhaltliches Programm verfolgt. Dazu gehörte, sich wie in Taizé an der Karwoche zu orientieren. Am Gründonnerstag erlebten wir abends immer den liturgischen Höhepunkt. Es gab eine Art Kreuzweg mit vielen unterschiedlichen Stationen, die die etwa sechzig Teilnehmer in Gruppen gestalteten. Das war oft sehr emotional, denn die Themen kamen mitten aus dem Leben der Jugendlichen. Das Ganze mündete am Ende in eine Agapefeier. Es gab Brot, Wein und Saft, es gab Trauben und Käse und manches mehr. Das sonst so einfach gehaltene Zeltlager putzte sich heraus, auf den Tischen lagen Decken, darauf standen Gläser mit frisch gepflückten Blumen, ein berührender Anblick auf diesem kleinen Hügel unter freiem Himmel nahe Taizé. Ich dachte schon damals manches Mal: So wird es wohl auch in den Agapefeiern der frühen Kirche gewesen sein.

Im Grunde können wir bei Eucharistie und Agape zwischen Opfermahl und Sättigungsmahl unterscheiden. In der Eucharistiefeier wird der Tod Jesu als Opfertod gedeutet, an den wir uns erinnern. Brot und Wein stehen für Leib und Blut Christi, die dieser geopfert hat. Zu Beginn der Kirche waren allerdings Agape und Eucharistie nicht voneinander getrennt. Es gab ein Sättigungsmahl, in das die Eucharistie integriert war, so findet es sich etwa im Markusevangelium oder im ersten Korintherbrief von Paulus. Bis in die Mitte des zweiten Jahrhunderts hielten die frühen Christen auf diese Weise ihre Mahlfeiern. Sie fanden abends in Privathäusern statt. Allein dieser Umstand zeigt, dass hier viele zusätzliche Dimensionen zu unserem heutigen Messbesuch in der Kirche dazukommen. Wer richtet so ein Mahl aus? Was findet dort neben dem Akt der Erinnerung an Jesus noch statt? Ich stelle es mir so vor, dass die Gastgeber immer ein bisschen nervös oder aufgeregt waren, ihre Häuser für den Besuch herrichteten und es einladend gestalteten. Und dass sich Gäste und Gastgeber intensiv austauschten und unterhielten, auch über Fragen und Geschehnisse des alltäglichen Lebens. Und dass diese Erinnerung an Jesus dieses besondere, einmalige Element des Treffens war.

Rein kirchengeschichtlich trennte sich erst etwa 150 n. Chr. – also Generationen später – die Agape als Sättigungsmahl von der Eucharistie als Opfermahl. Die Eucharistie findet seitdem auch am nächsten Morgen statt, und allmählich übernahm der damals erst neu entstehende Klerikerstand die Leitung. Als die Zeiten der Christenverfolgung zu Ende waren und das Christentum Staatsreligion wurde, wurden Kirchen errichtet, und dort wurde die Eucharistie gefeiert. Die nun abgetrennte Agapefeier blieb eine private Feier in den Privathäusern. Zum Teil wurde es zu einer Art

Armenspeisung, bei der gezielt Arme und Bedürftige mit Essen versorgt wurden.

Allerdings gab es auch einen erheblichen Missbrauch der Agape mit Ausschweifungen und Besäufnissen, was schließlich zu ihrem Niedergang führte. Ab dem sechsten Jahrhundert verschwand sie quasi aus dem Bewusstsein und wurde erst spät wiederentdeckt – im 20. Jahrhundert etwa von Pater Johannes Leppich, der sie mit seiner action 365 wiederbelebte. Dem im Volksmund wegen seiner Sprachgewalt, nicht aber wegen eines Militarismus auch als „Maschinengewehr Gottes" bezeichneten Pater Leppich gelang mit der Wiederbelebung ein kluger Kniff. Er verfolgte nämlich mit seiner action 365 ökumenische Ziele. Da half ihm, mit der Agape den Streit über Eucharistie und Abendmahl als unterschiedliche Formen zu umgehen und eine Möglichkeit für gemeinsame ökumenische Mahlfeiern zu schaffen.

Ich finde es schade, dass die Agape in unserem realen Kirchenleben so stiefmütterlich behandelt wird. Denn wenn wir uns das Leben Jesu anschauen, finden wir in der Zeit vor und nach seinem Tod viele Mähler, die nichts mit dem Opferbezug der Eucharistie zu tun haben. Wenn Jesus den Menschen Gleichnisse erzählt, sammelt er sie zum Mahl. Wenn er mit den Outlaws der Gesellschaft – Zöllnern, Prostituierten, andere Verachteten – zusammen isst, ist das eine Agape. Auch beim Mahl mit den Emmaus-Jüngern kurz nach seiner Auferstehung geht es nicht um den Opferbezug. Vielmehr sind es Mähler, in denen Jesus den Gästen vom Reich Gottes erzählt. Es geht bei den Essen zwar ums Sattwerden. Aber das Besondere ist die Gegenwart Jesu. Entscheidend ist bei der Agape auch nicht, was auf den Tisch kommt. Bei den Fischern am See Genezareth war es neben Brot natürlich Fisch. Aber ich bin sicher, wenn die biblischen Ereignisse in alpinen Hochlagen stattgefunden hätten, wäre es statt des Fischs um Käse gegangen, der zum Brot gereicht worden wäre. Was gegessen wird, ist nicht entscheidend, sondern die Mahlgemeinschaft. Es geht um die Communio, die Gemeinschaft.

Beim Umgang mit der Eucharistiefeier zeigt sich sehr nachteilig die römische Prägung der katholischen Kirche. Da war immer der Gedanke: Nur einer kann wandeln, nur einer kann den Vorsitz in der Eucharistie haben – der Priester. Und noch mehr: Es muss einen geben, der das Sagen hat. Einen, der bestimmt und damit alles zusammenhält. Im Grunde ist doch der Gewänder tragende Priester nichts anderes als ein Beamter des Römischen Reichs. Aus dem Presbyter, dem Ältesten, dem Leitenden, wurde der Ordinarius zum römischen Beamten erhöht. Aus römischer Sicht gehören zu einer Religion Tempel, Opfer und Priesterschaft. Bis etwa 150 n. Chr. galten Christen deshalb als Atheisten. Durch die griechisch-römische Kultur wurde das Christentum um 150 n. Chr. immer mehr zu einem hierarchischen System. Der „Pontifex maximus" war der oberste heidnische Priester in Rom. Diesen ursprünglich heidnischen Titel trägt heute der Papst.

Das, wonach die Menschen suchen, wonach sie sich sehnen, ist doch eine tragende, stützende Gemeinschaft. Menschen brauchen Zuwendung und Nähe. Dadurch erfahren sie Segen und Heil. Sie brauchen Orte, an denen sie sich heimisch fühlen, und Menschen, die ihnen und denen sie liebe- und vertrauensvoll begegnen. Das alles geht in den heute von der Obrigkeit geschaffenen Strukturen der katholischen Kirche unter und verloren. Es werden Strukturen geschaffen, die den Sehnsüchten der Menschen diametral entgegenstehen. Die Folge ist, dass die Menschen fernbleiben, weil ihre Sehnsüchte nicht gestillt werden.

Ich möchte nun folgende Empfehlung aussprechen: Spüren Sie nach, wonach Sie sich sehnen. Wenn Sie dann die Erfahrung machen, dass Sie gläubige und vertraute Menschen an Ihrer Seite brauchen, mit denen Sie den Glauben auch feiern können, dann gehen Sie den Weg der Agapefeiern. Sie brauchen dazu keinen Priester, den es in unseren Breiten sowieso kaum noch gibt. Der Opfergedanke rückt in den Hintergrund. Er ist sowieso nicht das Kernanliegen Jesu, sondern die spätere Deutung des Kreuzes und des Todes Jesu durch die Kirche. Jesu Lebensaufgabe, seine

Lebensfreude war die Reich-Gottes-Botschaft, die hoffnungsvolle, liebevolle Botschaft, die grenzenlos ist und alle Menschen einbezieht. Das ist die einzigartige Universalität seiner Botschaft, zur damaligen Zeit revolutionär und auch heute noch. Das zeigt sich besonders in der Enge der Eucharistiefeier. Menschen werden ausgegrenzt, weil sie nicht katholisch sind, weil sie geschieden und wiederverheiratet sind, weil sie nicht mehr bereit sind, Kirchensteuer zu bezahlen. Wie weit ist man hier von der Reich-Gottes-Botschaft Jesu entfernt.

Die Agapefeier lädt alle ein und schließt keinen aus. Zur Freude und zum Sicheinlassen auf das Leben Jesu, dazu lädt sie ein. Die Emmaus-Jünger erkennen IHN, als ER das Brot bricht. Hier ist keine Rede vom Opfergedanken. Brot brechen, Gemeinschaft erfahren, untereinander und mit Jesus, der uns den Weg zu Gott zeigt, das verändert, das wandelt! Zachäus, der Zöllner, der kleine, ungerechte Mensch sitzt auf dem Baum. Er hält Ausschau, er sehnt sich nach Liebe, er sucht einen neuen Weg und setzt seine Hoffnung auf Jesus, der hier vorbeikommen muss. Alles setzt er daran, Jesus zu begegnen. Das allein ist die Voraussetzung, auf den Weg der Liebe zurückzufinden. Als Jesus vorbeikommt, nimmt er ihn aus der Menge wahr, den Einzelnen, den Suchenden, den Fragenden. Er macht ihm keine Vorwürfe und verlangt keine Opfer, entgegen aller religiösen Vorschriften des jüdischen Gesetzes und dessen Praktiken. Er geht einfach mit einem liebenden Blick auf ihn zu und begibt sich mit ihm in sein Haus. Es ist ein Gespräch unter vier Augen. In dieser Begegnung findet Zachäus Heil und ist bereit zur Umkehr. Er erkennt sein ungerechtes Handeln, wie er den Menschen als Zöllner das Geld aus den Taschen gezogen hat, mehr verlangt hat, als sie eigentlich bezahlen mussten. Ein Kommunionkind sagte mir einmal: „Wenn Jesus ihn unter dem Baum ausgeschimpft hätte, wäre er bestimmt höher auf den Baum geklettert." Zachäus wäre davongelaufen. In der Agapefeier mit Jesus fühlt er die Liebe, die ihm zuteilwird, und verändert sein Leben.

Diese beiden Bibelstellen verdeutlichen, wie sehr der Mensch Gemeinschaft braucht – im Leben und auch im Glauben. Deswegen: Lassen Sie sich nicht von der kirchlichen Obrigkeit entmutigen, feiern Sie Gottesdienste, Agapefeiern, Sie brauchen dazu keinen Priester. Mögen Sie in diesen Feiern spüren, wie wohltuend ehrliche Gemeinschaft sein kann. Jesus hat den Kreuzestod nicht gesucht, er hatte unendlich viel Angst davor, sein Tod war die Katastrophe im Leben der Jünger. Dieser brutalsten Handlung wollen wir nicht folgen, sondern der Reich-Gottes-Botschaft, die Liebe ist und erfahrbar und heilsam wird, wo Menschen zugewandt miteinander leben. Ich finde für mich selbst immer mehr einen tieferen Zugang zu den Agapefeiern.

In den meisten Phasen meines Priesterlebens konnte ich dennoch mit dieser Rolle des Vorstehers, der die Eucharistie leitet, leben. Warum? Weil ich Teil der Gemeinschaft war. Weil wir in der Gemeinde in Communio gelebt haben. Aber wie wirkt das heute, in diesen großen Pfarreiverbünden? Da hat einer den Vorsitz der Eucharistie und ist im Grunde genommen gar nicht mehr Teil der Gemeinschaft. Er kommt mit seinem Auto zehn Minuten vor der Messe eingeflogen, hält die Messe und fährt zwei Minuten nach dem Schlusslied wieder davon, um zur nächsten zu eilen. Das ist nicht mal übertrieben. Ehrlich wäre es, wenn hinten auf dem Auto ein „und tschüss …“-Aufkleber angebracht wäre.

Mein Verständnis von Gemeinschaft ist ein anderes. Aus meiner Sicht geht das, was hier schon heute passiert und in Zukunft immer häufiger passieren wird, gar nicht. Da fehlt Entscheidendes. Ich muss doch als Seelsorger mit den Menschen ins Gespräch kommen. Nur wer in der Gemeinde ist, weiß, was da läuft. Michael Keller, der erste Bischof von Münster nach dem Zweiten Weltkrieg, hatte das Ziel ausgegeben, dass es pro 2000 Gläubigen eine Kirche geben sollte – so habe ich es gehört. Das wirkt heute unvorstellbar. Das ist allein auch schon wegen des geringen Anteils der Kirchgänger eine völlig unrealistische Quote. Aber der Gedanke dahinter ist heute so aktuell wie damals: Ich muss als

Kirche nah dran sein, ich muss Nachbarschaft und Nähe bieten und pflegen.

Warum setzt die katholische Kirche nicht die Viri probati ein, die bewährten Männer? Warum darf nicht die bewährte Pastoralreferentin die Eucharistie feiern? Warum beauftragt nicht eine Gemeinde wie bei einer Pfarrgemeinderatswahl für vier, fünf oder sechs Jahre Menschen aus ihrem Kreis mit der Eucharistie? Die Agape sagt: Uns ist die Gemeinschaft wichtiger als die Opfertheologie der Eucharistie. Mich stört an dieser Opfertheologie, dass die Freude des Glaubens nicht groß gemacht wird. Jesus hat das Leben geliebt. Er hat mit den Menschen gefeiert. Jesus hat die Kleinen groß gemacht. Das sind die Botschaften, die zu kurz kommen. Stattdessen zieht sich dieser Opfergedanke zu sehr durch. Das geht so weit, dass der Priesterdienst als Opferdienst gesehen wird. Oder dass den Gläubigen mitgegeben wird: Je mehr du an Opfern bringst, desto näher bist du an der Liebe Gottes.

Ich finde, wir sollten uns noch einmal ganz stark zurückbesinnen, wie sich die ersten Christen in der Mahlgemeinschaft getroffen haben. Die Menschen haben sich zusammengesetzt, sie haben sich unterhalten: „Was sind deine Schmerzen? Was sind deine Sorgen?“ Der eine wusste, was dem anderen unten den Nägeln brennt – und umgekehrt. Ich will das nicht idealisieren, vermutlich hat wie zu unseren Zeiten der eine auch über die anderen gelästert und gespottet, aber auch das ist ja am Ende menschlich. In der Summe geht es jedoch darum, Communio zu feiern.

Die Eucharistie ist für viele Katholiken wichtig. Sehr wichtig. Dieser Moment, in dem durch den Priester gesagt wird: „Das ist mein Leib, das ist mein Blut“, lässt Jesus gegenwärtig sein. Für mich ist die Frage entscheidend, wie die Eucharistie in der heutigen Zeit lebendig gehalten werden kann. Diese Gegenwart Jesu Christi durch ein Sakrament zu spüren, das ist für viele sehr wichtig. Ich finde, es sollte aber mehr Communio sein als Opfer.

Und da bin ich wieder bei dem Bild der Wandlung, dieses Mal leicht variiert: „Sag tausend Menschen, sie sollen sich wandeln.“

Was für eine Herausforderung das doch ist, mich selbst zu hinterfragen. Ich halte die Wandlung für entscheidend. Die Menschen müssen mit in die Wandlung hineingenommen werden, ihnen muss die Botschaft rübergebracht werden, dass sie sich durch den Empfang der Eucharistie selber zum Guten wandeln. Aber genau deshalb ist es ja so wichtig, dass wir auch ohne Priester wandeln dürfen. Wenn ich die Gemeinden attraktiver machen will, dann muss ich da doch eine Lösung finden. Das Mahl eint uns alle! Das können wir mit Blick auf die anderen großen Religionen sagen. Überall hat das Mahl seinen hohen Stellenwert, auch wenn es unterschiedliche Ausprägungen gibt. Aber es gibt für die katholische Kirche einen großen Unterschied: Sie macht sich dieses Mahl selbst kaputt. Einfach, weil dieses Priesteramt so eine überhöhte, übermenschliche Idealisierung und Glorifizierung bekommt. Die Einhaltung der Form (Priester) führt zum zunehmenden Verlust des viel zentraleren Inhalts (Communio).

Für manch einen treuen Katholiken ist das ein schockierender Gedanke. Aber es gibt verschiedenste Gruppen und Gemeinschaften, die ohne Priester die Eucharistie feiern. Schon 1994 erlebte ich in meiner Zeit in Recklinghausen Menschen, die für sich heimlich Eucharistie gefeiert haben. Also noch deutlich vor dem Problem des Priestermangels. Diese Menschen kamen zusammen, sie tauschten sich religiös und theologisch aus und vollzogen dann die Wandlung. Ich weiß, dass es solche Gruppen und Gemeinschaften auch heute gibt. Sie sprechen die Wandlungsworte gemeinsam, nicht durch einen einzelnen Vorsteher. Teils aus einem tiefen religiösen Selbstverständnis, dass sie sich aufgrund ihres Glaubens und ihrer hohen intellektuellen Durchdringung der Theologie dazu berufen fühlen. Teils aus einem schlichten Pragmatismus: Das sind Menschen an Orten, die wirken, als habe die Kirche sie vergessen, Menschen, die schon lange keinen Priester mehr gesehen und das Handeln einfach selbst in die Hand genommen haben. Kirchenrechtlich ist das verboten. Diese Eucharistie ist in den Augen der Kirche ungültig. Menschlich aber ist es nachvollziehbar, finde ich.

Und ich glaube, diejenigen, die daran teilnehmen, haben ein spirituell gutes Empfinden, kein Empfinden der Ungültigkeit.

Ich selbst werde mir auf meinem weiteren Weg sehr genau überlegen, wie ich mit dem Thema Eucharistie umgehe. Ich entwickle schon jetzt den Communio-Gedanken für mich in der Praxis weiter. Zu Weihnachten und Ostern habe ich Gottesdienste angeboten, die von vielen Menschen besucht wurden. Ich habe eine Fastengruppe geleitet und zum Abschluss mit diesen Menschen das Fasten gebrochen und in tiefer Spiritualität gemeinsam Mahl gehalten. Und ich bekomme immer häufiger den Wunsch zu hören, sich regelmäßig zu Gottesdiensten zu treffen, in denen wir auch das Brot teilen. Es wird eine meiner Aufgaben sein, die Gedanken zum Mahl weiterzuentwickeln.

12. Spiritualität erwächst durch Menschlichkeit

Ich nehme mir gerne Zeit. Ich gehe die Dinge auch gerne mit Langsamkeit an. Entschleunigung tut gut. Sie führt mich ins Innerste – von mir selbst oder auch von anderen. Wenn ein junges Brautpaar zu mir kommt, vereinbare ich mindestens vier Gespräche mit den beiden vor ihrer Hochzeit. Vier, manchmal auch sechs. Und ab und zu auch mal ein Gespräch mit den Trauzeugen, denn in so einem Eheleben können die Trauzeugen eine sehr wichtige, die Beziehung stärkende Rolle einnehmen.

Eine dieser Vorbereitungsrunden hatte ich mit einem jungen Brautpaar, das vor einer Reise nach Innsbruck stand. Eine Woche einfach mal raus. Vor der Reise fand also eines der Traugespräche statt. Ich gab den beiden für die Woche Impulse für die Vorbereitung auf ihr Eheleben mit. Wenn der Alltag nicht mehr alles überlappt, wenn einmal nicht die ständigen Termine eine Grundgereiztheit erzeugen, kann man plötzlich über ganz andere Dinge miteinander sprechen. Denn neben dem Alltag gibt es noch auch eine andere Welt. Eine geistige Welt. Die beiden jungen Menschen wandern gerne. Ich sagte ihnen: „Nehmt den Berg für euch als ein geistiges Symbol." Mein Impuls war zu sagen: Geht einige Schritte des Weges nur für euch alleine. Oder geht ein Stück des Weges ganz bewusst im Schweigen. Und fangt dann aus diesem Schweigen heraus an zu erzählen: Was empfinde ich für den anderen? Warum bist du mir, warum ist mir dieser Mensch so bedeutend, dass ich mein ganzes Leben mit ihm oder ihr verbringen will? Ich sagte den beiden: „Ihr versprecht euch einander. Das ist so etwas Kostbares. Dieses Versprechen hat noch viel mehr Wirkung, wenn ihr einander als Menschen anschaut, wenn ihr euch einander vergewissert." Die beiden kamen zum nächsten Gespräch tief bewegt wieder. Sie hätten sich so viele Gedanken gemacht über die Hochzeit, sagten sie. Und dabei ging es nicht um Tischkärtchen oder Sitzordnungen. Es ging um sie beide, sie waren sich noch ein Stück nähergekommen.

Ich denke, dieses Paar hatte ein tiefes spirituelles Erlebnis. Und diese Spiritualität ist durch ihre Menschlichkeit entstanden. Wie viele andere Priester auch wurde ich in meiner Zeit als Priester oft von Menschen aufgesucht – aufgrund meines Amtes. Wer Hilfe sucht und nach einem Priester Ausschau hält, findet einen. Und natürlich ist bei solch einem Hilfeersuchen auch ein gewisser Vertrauensvorschuss da. Vielleicht hat jemand etwas über einen gehört und hat sich dann überlegt: Ich traue mich, zu demjenigen hinzugehen.

Ich hörte immer intensiv zu und versuchte dann, Impulse zu geben und mit der Person gemeinsam zu überlegen, welche Handlungsoptionen in der speziellen Situation bestanden. Mit meinen Gesprächspartnern vereinbarte ich immer, dass wir uns nach einer gewissen Zeit wieder treffen würden. Das konnte der nächste Tag sein, das konnte einen Monat später sein – die Sorgen, die Bedürfnisse sind unterschiedlich. Dieser Austausch hatte auch eine geistige Ebene. Stets sagte ich den Frauen und Männern: „Versuchen Sie, Ihren Mut groß zu machen." Woher nehme ich den Mut? Woher nehme ich die Stärke, die dadurch entsteht? Das kann der Glaube sein. Das ist oft der Glaube. Selbst bei Menschen, die nach außen keinen Glauben mehr zeigen. Das Sprichwort „der Glaube versetzt Berge" ist nach meinem Empfinden direkt aus dem Leben entstanden. Ein Mensch, der sich, gestärkt durch den Glauben, etwas traut, kann leicht etwas erreichen, was er vorher von sich selbst nicht erwartet hätte. Das ist wie einen Berg zu versetzen.

Wenn ich Spiritualität zu definieren versuche, sage ich zuerst: Sie ist für mich das Eintauchen in eine höhere Atmosphäre. Sie ist das Eintauchen in die Geheimnisse des Lebens. Sie ist alles, was man nicht so richtig greifen, aber spüren kann. Sie ist das Sichöffnen für einen transzendenten Resonanzraum. Spiritualität bedeutet für mich, in eine Bescheidenheit hineinzukommen. Eine Bescheidenheit bezogen auf das eigene Denken, auf das eigene Handeln, den Hochmut der Machbarkeit des Lebens. Ich habe meine eigenen Grenzen, das erkenne ich in dieser Bescheidenheit. Aber ich kann das Geistige wirken lassen und mir dadurch den Mut und die Stärke holen, die Berge zu versetzen.

Es kann aber auch eine gegenteilige Einsicht entstehen: Das, was ich mache, ist nicht das, was sofort zum Segen und Heil führt. Bewerten lässt sich dieser Effekt eines spirituellen Herangehens oft nur in der Rückschau, und dann gibt es die Antwort, ob dieses Innehalten gut war. Ich zum Beispiel bin froh darüber, dass manches, was ich mir vorgenommen hatte, am Ende nicht umgesetzt wurde. Das ist diese Bescheidenheit, die ich meine. Nicht mein vermeintlich fantastischer Gedanke ist das Maß aller Dinge. Ich kann auch einmal innehalten, den Geist wirken lassen. Und dann mache ich vielleicht doch nicht das, was mir in dem Moment davor noch so wichtig erschienen ist.

Für uns Menschen, die wir gerne möglichst viel messbar machen wollen, ist diese Wirkung von Spiritualität natürlich schwer zu bemessen. Es lässt sich, wenn überhaupt, erst in der Rückschau bewerten, ob eine nicht getroffene Entscheidung am Ende doch genau die richtige war. Ein Umzug in eine andere Gegend, des verlockenden Jobs wegen – verworfen, weil das Innehalten neben dem Positiven auch die Kehrseiten gezeigt hat. Eine Krise in der Beziehung, die Trennung steht im Raum – verworfen, weil beide das Innehalten schaffen und wieder den Blick füreinander öffnen können. Die Spiritualität kann also Berge versetzen, mich bestärken. Aber sie kann mich auch zur Demut bringen.

Oder man ist eben froh, vertraut zu haben, den Mut in der Spiritualität gefunden zu haben. Wenn ich meinen jetzigen, neuen Weg überdenke, außerhalb der Pflicht als Angestellter der katholischen Kirche: Auf einmal gibt es Möglichkeiten, die vorher nicht da waren. Es öffnen sich viele neue Türen – Menschen melden sich, neue Kontakte entstehen, alte Kontakte leben wieder auf, es gibt froh machende Arbeit für mich. Ich glaube, da wirkt Gott mit. Diese aus einer tiefen Spiritualität getroffene Entscheidung hat einen Berg für mich versetzt. Und andersherum war es zum Beispiel in meinen Jahren als junger Theologe gut, dass mich Münsters damaliger Bischof Reinhard Lettmann nach meinem Studium von Freiburg nach Pfalzdorf geschickt hat. Vom Leben in der Großstadt in ein richtiges Dorf. Ich wollte das nicht. Ich dachte, was soll ich da. Aber ich habe es zugelassen.

Das war in meiner damaligen Lebensphase ein richtiger und wichtiger Schritt. Ein junger Mann, nicht mal dreißig, am Beginn seiner Berufslaufbahn – da ist das Formen durch den Vorgesetzten sinnvoll und bereichernd. Das war etwas anderes als die Situation, in die mich Bischof Genn mit seiner Zwangsversetzung aus Stephanus 2021 brachte. Da war ich ein Mann von fast sechzig Jahren und in einer Lebensphase, in der ich den Reichtum meiner Erfahrungen eines langen Lebens vor Ort weitergeben konnte. Ich habe mich mit den Menschen in Münster-Roxel und der Aaseestadt vertraut gemacht. Ich habe zu viele Priester erlebt, die im Alter vereinsamten, die es versäumt hatten, ehrliche, gute und lebendige Bindungen aufzubauen. Schon am Anfang meines Priesterseins – in einer Zeit, in der ich sehr mit der Entscheidung gerungen hatte, auf eine eigene Familie und Kinder zu verzichten – wusste ich, dass ich mich mit vertrauten Menschen umgeben und vernetzen muss. Je älter ich werde, desto deutlicher wird mir das. Diese Menschen müssen gerade im höheren Alter in der Nähe, sie müssen ansprechbar sein, und das nicht nur über das Telefon. Bischof Genn hat dieses Anliegen nicht verstanden oder wollte es nicht verstehen, seine Interessen und pastoralen Schwerpunkte waren ihm wichtiger als mein tiefes menschliches Anliegen. So habe ich es wahrgenommen. Aufgrund seines Amtes hatte er die Macht, meine Zwangsversetzung durchzusetzen. Ich konnte mich schließlich nur noch von ihm und der Kirche trennen. Wenn es um existenzielle Fragen geht, musst du die Antwort in dir suchen – und als gläubiger Mensch mit Gott. Das habe ich getan, und diese Entscheidung hat mir im Wesentlichen eine unbezahlbare Freiheit geschenkt.

Ich selbst verzichte fast völlig auf Alkohol, ich habe mir nie besonders viel daraus gemacht. Es gibt von Reinhard Mey das Lied „Selig sind die Verrückten", das mich immer wieder nachdenklich gemacht hat. Denn es beschreibt mit feiner Beobachtungsgabe, was ich bei nicht wenigen meiner Kollegen wahrgenommen habe – je älter sie wurden, desto häufiger: „Immer montags nach Einbruch der Dämmerung seh' ich den kleinen, grauen Pfarrer mit dem Fahrrad fahr'n. Zwei Plastiktüten mit leeren Weinflaschen voll am Lenker schlenkernd zum Glascontainer karr'n." Das Lied erzählt, wie der Pfarrer die Flaschen nicht etwa in den Container wirft, sondern sie einzeln, behutsam und liebevoll hineinlegt. „Denn", so das Lied weiter, „am Montag ist der Glascontainer immer fast voll, dann geht das lautlos und keiner hört, was er nicht soll. Und er faltet die Tüten in der Dunkelheit und dann schaukelt er zurück in seine Grabeseinsamkeit."

Zurück zu meiner Zwangsversetzung: Ich befand mich nicht mehr in einer Phase des Erlernens und Ausprobierens. Bei meiner Zustimmung, nach Pfalzdorf zu gehen, hatte ich noch gespürt: Das will ich ausprobieren. Aber mit fast sechzig Jahren möchte ich selbst entscheiden können, was ich ausprobiere. In diesem Alter weiß ich, was gut für mich ist und was nicht. Lebendige und tragende Beziehungen sind in dieser Lebensphase nicht nur für mich ein entscheidendes Fundament. Mir ist bewusst, dass ich an dieser Stelle gerade mein persönliches Erleben sehr herausarbeite. Aber reden Sie einmal mit einem Seelsorger oder einer Seelsorgerin, wie deren Erfahrungen auf ihrem Berufsweg so waren und sind. Da werden Sie manche Geschichte über Enttäuschungen und Verletzungen zu hören bekommen. Ich habe nie verstanden, wieso in Kirchen so eine Unbarmherzigkeit im Umgang mit dem eigenen Personal herrscht – biblische Anweisungen dafür gibt es nicht.

Spiritualität heißt auch, etwas geschehen zu lassen. Ich habe als Mensch nicht alles in der Hand, das wissen wir. Manchmal muss ich auch irgendwann eine Entscheidung fällen, und ich muss das zulassen, was kommt. Auch wenn ich nicht zu hundert Prozent weiß, was auf mich zukommt. Auch wenn ich noch Fragen habe. Trotzdem muss ich irgendwann den gordischen Knoten durchschlagen, das Zögern beenden und einfach machen. Das ewige Hinausschieben kostet unheimlich viel Energie. Im Leben gibt es nie hundertprozentige Entscheidungen, da ist es gut, sich in der Spiritualität die Entscheidungshilfe zu holen – ob ich etwas mache, oder ob ich es doch lieber lasse.

Und damit bin ich auch wieder bei der anfänglich von mir erwähnten Langsamkeit, die ich viel lieber Entschleunigung nennen möchte. Denn das Wort Langsamkeit klingt fast wie ein Schimpfwort. Langsamkeit? Es muss schnell vorangehen. Tempo ist der Gewinner. Geschwindigkeit der Maßstab – je höher die Geschwindigkeit, desto besser. Dadurch wird aber auch vieles oberflächlicher.

Und das, obwohl wir schon seit dem Kindergarten wissen, dass dem nicht so ist. Da haben wir zum ersten Mal die Geschichte vom Hasen und dem Igel gehört. Und irgendwie hat der Igel seine Langsamkeit in eine zugegeben etwas unfaire Schläue umgemünzt, während der schnelle Hase zur bemitleidenswerten Gestalt geworden ist. Es gibt Lebensweisheiten, die dasselbe Phänomen erzählen. „Als sie nicht mehr wussten, wo ihr Ziel war, liefen sie immer schneller", lautet so ein Spruch. Die Entschleunigung durch die Spiritualität hilft dabei, das Ziel immer neu in den Blick zu nehmen. Oder wie es diese Priesteranekdote erzählt: „Zwei überarbeitete Priester begegnen einander. Der eine sagt: Wenn ich die viele Arbeit sehe, denke ich: Ich habe gar keine Zeit mehr zum Beten. Antwortet der andere: Wenn ich die viele Arbeit vor mir sehe, denke ich: Jetzt erst mal beten!"

Ein Spaziergang in einem Hafen vor einer Fährfahrt. Im Grunde ist da nicht viel. Das Meer, ein Schiff, das allmählich beladen wird, ein paar Ladekräne. Das zu beobachten, zu entdecken, wie bei den Hafenarbeitern jeder Handschlag abgestimmt ist, wie der

Kran die Container zielgenau von der Hafenkante aufs Schiffsdeck transportiert und wie an anderer Stelle die Reling zum Besteigen der Fähre ausgefahren wird, das ist spirituell. Diese Männer und Frauen der Hafengesellschaft verrichten ihre alltägliche Arbeit, die haben andere Gedanken – ich als Beobachter aber kann diesen Moment in seiner ganzen Tiefe mitnehmen und merke danach, wie sich mein Geist geweitet hat.

Oder denken Sie an eine lange Autofahrt mit der Familie. Ich meine jetzt nicht die „Mama, ich muss Pippi"-Autofahrten mit kleinen Kindern, mir ist klar, dass hier Stress entsteht. Aber schon mit Kindern im Grundschulalter verändert sich die Fahrt. Es ist auf einmal Raum und Zeit für das Kind da, von einem Streit in der Klasse zu erzählen. Von der Sorge vor einer anstehenden Arbeit. Oder die Eltern finden bei dieser stundenlangen Fahrt auf einmal so viel Zeit, dass der eine nur zuhört und der andere nur erzählt – anstelle des Gehetzten, was uns oft im Alltag überlagert. Da kann sich selbst so eine profane, lange Autofahrt menschlich, liebevoll und geistig füllen – durch diese Menschlichkeit entsteht Spiritualität. Aber das muss ich zulassen. Wie viele Menschen sind doch in strukturellen und formalen Dingen so verhaftet, dass sie nur ihre persönliche Agenda im Blick haben und diese abarbeiten.

Sie merken, für mich ist Spiritualität eine unheimliche Kraftquelle. Ich docke mich an eine höhere Kraft an. Sie ist nicht greifbar, besitzt aber eine ungeheure Dimension. Sie ist gefüllt mit Liebe, mit Versöhnung, mit Freiheit. Demgegenüber gibt es auch eine schlechte Spiritualität. Sie können sie leicht erkennen. Sie entsteht, wenn ich die Freiheit ausnutze und die Freiheit eines anderen begrenze. Kirche jeder Konfession hat das viel zu oft getan, „du sollst" ist mit der Fortsetzung „nicht töten" ein völlig richtiger, nicht zu hinterfragender „du sollst"-Satz. Aber „du sollst nicht ein zweites Mal heiraten und dann zur Kommunion gehen"? Hier wird etwas Schlechtes verbreitet. Ein geschiedener, wiederverheirateter Mensch sitzt aus einem tiefen Glauben heraus im Gottesdienst. Und ausgerechnet er soll am Kerngeschehen der katholischen Messe ein Leben lang als Strafe nicht teilnehmen? In der Praxis haben sich die meisten nicht an dieses Verbot gehalten, die meisten Priester schon gar nicht. Ich habe aber viele Menschen als Priester begleitet, die in genau dieser Situation waren und sich von der Gemeinschaft und damit von der von ihr ausgehenden Spiritualität ausgeschlossen fühlten. Wie schmerzhaft war das für diese Menschen!

Ich hatte es schon erwähnt: In der Kirche wird gerne die Opfertheologie in den Mittelpunkt gestellt. Jesus sei „für unsere Sünden" gestorben. Der Kreuzestod Jesu, dieses schmerzhafte, brutale Geschehen ist uns allen sehr gegenwärtig. Für mich dagegen haben die Gleichnisse in der Bibel eine unheimlich hohe Bedeutung.

Wir hatten eine Frau in der Gemeinde, die sagte immer: „Die Bibel hat so viele Worte. Für meine eigene Spiritualität brauche ich aber nur die Bergpredigt und das Vaterunser." Das fand ich sehr sympathisch. Das Grundfundament der Spiritualität ist auch für mich die Bergpredigt. Da ist alles für ein gutes Leben im christlichen Sinne gesagt. Für mich war Jesus dabei immer die Brücke zum liebenden Gott. „Lieber Gott" kann ich nur sagen, weil ich an das Gottesbild Jesu Christi glaube. Dabei ist für mich wichtig, dass Jesus am Kreuz gestorben ist, weil er der Liebe treu geblieben ist. Er hat sich nicht verbiegen lassen, deshalb hat er mit seinem Leben bezahlt. Für die Mächtigen war das unerträglich. Wir haben das jüngst alle bei Alexej Nawalny erlebt. Es hat mich sehr berührt, dass er aus Deutschland wieder nach Russland zurückgegangen ist. Wenn jemand so treu für das freie Leben und für die Liebe kämpft, steht er aber manchmal selbst vor einer Bedrohung seines Lebens. Nawalny wusste das, er ging trotzdem, weil für ihn die Liebe zu seinem Land und die Vision eines freieren Russland über allem stand.

Ich habe als Priester unendlich viele Gespräche geführt. Mit Eltern, mit Schülern, mit Gemeindemitgliedern. Manche dieser Gespräche sind auf formalem Weg entstanden, weil eine Beerdigung, Erstkommunion oder Hochzeit anstand. Solche Gespräche gehen oft in das Menschliche hinein. Wenn ich meinen Gesprächspartnern gut zuhöre, wenn ich offen bin, kann aus einem auf den ersten Blick wie ein Pflichttermin aussehenden Gespräch Spiritualität entstehen.

Ich bin mir sehr bewusst, dass mit dieser Rolle des Priesters eine große Verantwortung verbunden ist, weil ich eben durch mein Amt für einen Menschen als Gesprächspartner interessant bin. Ich hatte für mich immer den klaren Gedanken: „Schuster, bleib bei deinen Leisten." Jedes Gespräch hat natürlich etwas mit Psychologie zu tun. Aber wenn es tiefer ging, wenn eine psychologische oder psychiatrische Begleitung nötig wurde, bin ich immer nur der Netzwerker gewesen. Ich hatte einen guten Austausch mit Fachleuten und konnte immer gut vermitteln, das ist bis heute so. Ich bin kein Therapeut – wurde therapeutische Hilfe nötig, stellte ich den Kontakt her. Andernfalls hätte ich die Spiritualität meiner Meinung nach falsch verstanden. Denn auch wenn manch ein Mensch in einer schwierigen Lebenssituation völlig zu Recht auf der geistigen Ebene Antworten für seine Krise sucht, ist im Fall eines psychisch schwer erkranken Menschen eine ganz andere Hilfe nötig. Die kann kein Seelsorger leisten.

Und manchmal war und ist auch für mich die geistige Ebene nicht mehr zu erreichen. Das Gespräch mit Opfern sexuellen Missbrauchs war immer eine blanke Erschütterung. Ich war dankbar für das Vertrauen, wenn mich jemand als Gesprächspartner aufsuchte. Ich weiß, der Kirche wird völlig zu Recht ein unverantwortlicher Umgang mit vielen Missbrauchsopfern vorgeworfen – eben weil sie sich nicht gehört fühlten, weil die Gespräche mit Kirchenverantwortlichen sie retraumatisiert haben. In Fällen, in denen sich Menschen an mich gewendet haben, habe ich versucht, mir zuerst alles anzuhören. Ich habe dann, so weit es ging, Mut gemacht. In einem Fall wollte die betroffene Person – ich möchte zum Schutz nicht auf deren Identität oder Geschlecht eingehen – mit dem Bischof reden. „Ich möchte das, was ich erlebt habe, direkt dem Bischof ins Gesicht sagen. Unter vier Augen." Ich bestärkte die Person, machte ihr Mut. Denn aus dem Gespräch, das wir geführt hatten, wurde mir bald klar, dass das Bedürfnis, das Erlebte zu erzählen, der Hauptgedanke dieses Menschen war. In solch einem Gespräch versuche ich immer herauszufinden, wo diesem Menschen die Kraft fehlt, woher die Mutlosigkeit kommt. In diesem Fall ging es nicht primär um Fragen nach dem Warum. Also nicht um die Frage: „Wie konnte Gott das zulassen?“ oder um Vorwürfe an Täter. Es ging um das Rauslassen all dessen, was da passiert war. Und das nicht gegenüber irgendjemandem. Sondern gegenüber dem Bischof. Das Gespräch mit mir wurde für die Person zur Ermutigung. Ich hatte das Bedürfnis nach dem Bischofsgespräch ernst genommen. Wir redeten darüber, wie das Gespräch geführt werden könnte. Der Wunsch nach einem Gespräch unter vier Augen war überdeutlich. Ich sagte zu der Person: „Sie bestimmen! Es ist Ihr Gespräch! Es muss Ihnen im Vorhinein klar sein, was besonders entscheidend für Sie ist.“ Zuerst zögerte das Bistum, es war noch jemand zugegen. Aber dann wurde es zum Vier-Augen-Gespräch – der Mensch hatte den Mut und die Kraft, den dringenden eigenen Wunsch durchzusetzen. Dass es dazu gekommen ist, hat mich in all dem Leid froh gemacht. Ist das Spiritualität? Ja, ich denke, es ist eine durch Menschlichkeit entstandene Spiritualität – auf Grundlage des Zuhörens war sich dieses Missbrauchsopfer vollkommen klar geworden, was es wollte, was wichtig ist. Und obwohl dieser Mensch sich durch die strenge katholische Erziehung gegenüber einem Bischof klein fühlte, hat er allen Mut aufgebracht und den eigenen Wunsch durchgesetzt.

Auch hier war eine Langsamkeit, eine Entschleunigung mit im Spiel, ein Bedenken. Aus dem Bauch heraus, mit einem spontanen Vorschlag – „Ich glaube, Sie sollten direkt mit dem Bischof sprechen“ – hätte das nicht funktioniert.

Auch meine eigene Entscheidung, das Priesteramt aufzugeben, ist aus solch einer wohlbedachten Langsamkeit entstanden. Ich habe meine Entscheidung ganz bewusst getroffen. Aus einer Stärke heraus. Denn ich habe das mit anderen Menschen reflektiert, ich habe mich aktiv über einen langen Zeitraum mit Fachleuten auseinandergesetzt und mich von ihnen intensiv begleiten lassen, ich habe es auch auf meine Zukunft hin durch- und bedacht. Und am Ende stand ganz klar, dass mich dieses Modell von Kirche mit seinen großen, anonymen pastoralen Räumen nicht erfüllt. Ich habe den Eindruck: Die Absicht der Bistumsleitung ist nicht in erster Linie die Seelsorge am und für den Menschen, sondern das Erhalten des Systems. Das habe ich für mich durch konkrete Erfahrungen in meiner pastoralen Arbeit in diesen aktuellen Strukturen so erkannt.

Für mich als Priester ist die Spiritualität das Wichtigste. Ich beschäftige mich damit quasi täglich, weil ich mich mit biblischen und literarischen Themen auseinandersetze und darüber mit Menschen ins Gespräch komme. Die morgendliche Lektüre direkt nach dem Aufstehen in den Texten ist mir die tägliche Quelle für meine persönliche Spiritualität. Dies im Alltag, im Leben mit anderen Menschen umzusetzen, ist die Vertiefung. Ich habe einmal versucht, mich dem Bild des Clowns spirituell zu nähern. Als Kind guckte ich früher immer *Dick und Doof*, die alten Schwarz-Weiß-Geschichten mit Stan Laurel und Oliver Hardy. Gerade in einer besseren Gesellschaft konnten sich beide kaum zurechtfinden. Ihr Stolpern, ihre mangelnde Anpassungsfähigkeit, das hat meine Seele leicht und beschwingt gemacht.

Die Dialoge der beiden Schauspieler waren zum Schießen komisch. Warum hatte jemand wie Heinz Erhardt mit seinem eher albernen Humor nach dem Krieg so einen Erfolg in Deutschland? Die Menschen brauchten Leichtigkeit. In einem Sketch möchte der Clown auf einem Flügel musizieren. Der Flügelstuhl steht zu weit weg, er kann nicht musizieren. Was macht der Clown? Er versucht, den schweren Flügel näher an den Stuhl zu bringen – die Menschen lachen sich darüber kaputt. Warum lachen die Menschen über *Dick und Doof*, warum lachen sie über die Clowns in der Manege? Was bewirkt das im Leben? Da kommt sie plötzlich, die übergeordnete Frage: Wie findest du selbst die Leichtigkeit des Lebens? Das ist eine zutiefst spirituelle Frage. Ich beschäftige mich gerne mit solchen Fragen und teile meine Gedanken dazu mit Menschen. Ich denke, dass es die anderen bereichern kann.

Aber wie sehr hat mich das Bistum von diesen Fragen weggeführt. Je größer die organisatorischen Aufgaben wurden, desto weiter hat mich das von meiner eigenen Spiritualität entfernt. Fragen Sie heute mal Priester, wie viele von ihnen noch Menschen begleiten, wie viele dafür Zeit haben. Ich kenne einen alten (oder ehemaligen?) Kollegen, der eng mit der Kirche in Lateinamerika verbunden ist. Er war oft dort, er bekommt von dort regelmäßig Besuch. Er erzählte mir von einem typischen Gespräch mit einem seiner befreundeten südamerikanischen Priester, der ihn fragte: „Was machst du heute?" Der Kollege entgegnete: „Ich habe nachher Dienstsitzung mit den Kollegen und bin danach im Pfarreirat." Verwundert antwortete der andere: „Aber du sollst doch bei den Menschen sein. Du sollst doch mit ihnen über Gott reden." Angeregt und nachdenklich gestimmt durch diesen Dialog, fing der Kollege an, vereinzelt auf einer Gremiensitzung die Tagesordnung zu streichen und mit den Anwesenden über den Glauben zu sprechen. Das sei immer ganz wunderbar gewesen, erzählte er mir. Aber der Alltag habe ihn dann auch bald wieder überholt und die Organisationsfragen hätten die Glaubensthemen verdrängt.

Fragen Sie mal, wie viele Priester noch Menschen begleiten, wie viele dafür Zeit haben (Wiederholung der Frage aus dem letzten Abschnitt). Es gibt Priester, die gerne Gremienarbeit betreiben. Priester, die mit Herzblut Bauvorhaben vorantreiben. Das sind die Manager. Vielleicht gab es früher durch die größere Anzahl der Priester für jeden eine Nische, für den Spirituellen wie für den Macher, der die Nähe zum Menschen eher weniger gesucht hat. Aber wenn Sie als glaubender Mensch die Wahl haben, was wird Sie weiterbringen? Nach dem Chef im Job ein weiterer Macher in ihrem Leben durch einen Manager-Priester? Oder vielleicht doch jemand, der Sie in ihren persönlichen Lebensthemen abholt und Antworten gibt, die Sie nur aus dem Glauben heraus bekommen? „Was wohl die Leute sagen?", sagt man bei mir im Münsterland oft. Aber die Frage muss lauten: „Was würde Gott sagen?"

13. Communio ist das Zauberwort

Lust auf einen Test? Die Aufgabe: Notieren Sie drei Begriffe, die Sie mit dem Zweiten Vatikanischen Konzil verbinden. Einfach spontan, auf einem kleinen Zettel. Fertig? Ich wette, Begriffe wie Aufbruch oder Reform oder Neuanfang oder sogar Revolution sind darunter. Jedenfalls Begriffe mit einem Schwung, den wir uns heute rund um das Thema Kirche kaum vorstellen können. Vielleicht täusche ich mich ja, und Sie haben Wörter wie Fehlentscheidungen oder Krise als Assoziation geschrieben. Aber weil das Zweite Vatikanische Konzil in den Erinnerungen so positiv besetzt ist, bin ich mir ziemlich sicher, dass auch Sie eine positive Grundtendenz mit dem Zweiten Vatikanum verbinden.

Ganz anders war es mit dem Ersten Vatikanischen Konzil (1869–1870). Bekannt wurde es vor allem deswegen, weil die Unfehlbarkeit des Papstes in Ausübung seines Amtes bei endgültigen Entscheidungen in Glaubens- und Sittenlehren zum Dogma erhoben wurde. Diese Entscheidung war bereits damals umstritten, aus heutiger Perspektive erscheint sie unsäglich. Insgesamt war das Konzil von einer Abwehrhaltung gegenüber der Moderne geprägt. Dafür steht die Versammlung bis heute in der Kritik.

Das Zweite Vatikanum hat also einen ganz anderen, viel besseren Ruf. Ich bin mir jedoch auch sicher, dass Sie allenfalls bruchstückhaft wiedergeben können, was dort passiert ist. Das allerdings ist ein lässliches Nichtwissen – die Beschlüsse waren zahlreich, die Inhalte komplex, die Umsetzung gilt bis heute nicht als abgeschlossen. Sechzig Jahre später!

Der Konzilstheologe und spätere Papst Joseph Ratzinger machte es geschickt und startete nach dem Zweiten Vatikanum Vortragsreisen, bei denen er die Inhalte erklärte. Und natürlich sicherte sich Ratzinger damit eine gewisse Deutungshoheit. Das tat er spätestens, als er als Präfekt der Glaubenskongregation mit vielen Texten vermeintliche katholische Wahrheiten in seiner überragenden intellektuellen Formulierkunst festzurrte. Nicht ohne Grund wurde er als Benedikt XVI. auch „Professor Papst" genannt.

Vielleicht hätte der französische Pater und spätere Kardinal Yves Congar nach dem Konzil auch herumreisen und deuten sollen. Yves wer? Genau. Ich bin mir fast sicher, dass Sie den Namen nicht kennen, ihn nie oder allenfalls beiläufig gehört haben. So wie ich die meiste Zeit meines Priesterlebens. Congar ist der Schöpfer des Communio-Gedankens. Von den Ergebnissen des Zweiten Vatikanums ist es diese Idee, die mich immer schon am stärksten beschäftigt hat. Und als ich mich mit der Communio vertiefend beschäftigte, bin ich auf Yves Congar gestoßen.

Communio ist die Leerstelle bei der Umsetzung des Zweiten Vatikanums. Leerstelle ist untertrieben. Es ist wohl eher ein theologischer Krater, der den Reformdrang und den katholischen Schwung erst allmählich und dann immer schneller und immer zerstörerischer in die Tiefe gerissen hat. Viele Probleme, die sich in den vergangenen Jahrzehnten weiter und weiter aufgetürmt haben, hätten wir heute nicht, wenn die im Zweiten Vatikanum als eine der tragenden Säulen definierte Communio angegangen und nach dem Konzil umgesetzt worden wäre. Davon bin ich überzeugt. Communio heißt Gemeinschaft. Gemeint ist die Gemeinschaft mit Gott. Aber auch die Gemeinschaft der Gläubigen untereinander und mit anderen Menschen. Dazu gehört auch der innerkirchliche, der ökumenische und der interreligiöse Dialog. Also sehr große, weite Felder, die mit Brüderlichkeit unter anderem der Bischöfe untereinander beackert werden sollen.

Der Communio-Gedanke ist viel weniger hierarchisch, als wir alle Kirche erleben. Und ich finde, es ist auch ein unglaublich lebensnaher Gedanke. Etwas, was Kirche viel zu oft fehlt. Communio zeigt sich nicht nur in der Liturgie, sondern letzten Endes auch im Leben einer Gemeinde. Kirchengemeinden müssen ein Gemeinschaftsgefühl haben, damit die Menschen gerne kommen.

Ich bin überzeugt, dass viele Menschen keinen Gottesdienst mehr feiern, weil sie das Gemeinschaftsgefühl, nach dem sie sich sehnen, nicht erleben. Wir reden also gar nicht von einem theologisch überhöhten Wert. Nein, hier geht es ganz praktisch darum, dass das gemeinsame Aufbauen von Zelten für ein Jugendzeltlager oder das Grillen für ein Pfarrfest als das genommen werden, was sie sind: christliche Gemeinschaft. Christlich wichtig.

Ich erinnere mich an meine Zeit in St. Agatha in Mettingen. Als Kaplan war ich der Präses der Kolpingsfamilie. Das waren lauter gestandene Männer und Frauen, im Durchschnitt deutlich älter als ich. Regelmäßig am Dienstagsabend trafen sie sich zur Kolpingsitzung. Parallel fand auf der alten Orgelbühne im Kirchturm aber der Turmgottesdienst statt, der vor allem von der im Ort sehr aktiven Christlichen Jugend Mettingen besucht und gestaltet wurde. Ein sehr unkonventioneller Gottesdienst mit modernen Liedern und freiem Gebet. Die Mitglieder der Kolpingsfamilie wussten, dass ich diesen sehr kreativen Gottesdienst ausgesprochen gerne feierte. Sie sagten mir: „Herr Kaplan, Sie gehören zur Jugend, gehen Sie da mal hin." Das sagten sie auch in einer Zeit, in der sie ein kleineres Bauprojekt im Garten des Pfarrers hatten, sie wollten dort eine Hütte errichten. Sie können mir glauben, in so einem Dorf wird auch ein schlichter Hüttenbau im Garten eines Pfarrers kritisch beäugt. Es war der Kolpingsfamilie also wichtig, dafür pastoralen Rückhalt zu haben. Wir machten es dann so, dass ich den Turmgottesdienst feierte und anschließend zu ihrer Sitzung kam. Ihr Bauprojekt begleitete ich ausschließlich wohlwollend, ich ließ sie machen – denn sie kannten sich alle viel besser mit dem Bauen aus als ich.

Was das mit Communio zu tun hat? Viel mehr, als so eine kleine Episode auf den ersten Blick offenbaren kann. Mir ist daran zum Beispiel die Brüderlichkeit wichtig. Die Kolpingsfamilie und ich sind uns in einem großen gegenseitigen Vertrauen begegnet. In der hierarchischen Kirche hätte ich auch einfach sagen können, ich bin euer Präses, macht es so und so. Punkt. Doch es war nicht nur einfacher für mich, sie selbst machen zu lassen. Es war mir auch wichtig. Wer bin ich als Priester, mich über sie zu stellen? Gleichzeitig war aber auch wichtig, dass ich meine Meinung sage, damit das Projekt – natürlich gab es am Ende auch eine kleine Feier mit Segen – wirklich ein gemeinsames Projekt wurde. Genauso wichtig für die Communio war aber auch die Großherzigkeit der Kolpingmitglieder, mir zu sagen: „Herr Kaplan, Sie gehören zu den Jugendlichen!" Und mich den Turmgottesdienst feiern zu lassen. Sie hätten auch auf meine Präsenz pochen können. So haben sie aber indirekt auch in die Jugend hineingewirkt, weil ich natürlich positiv über das Verhalten der Kolpingsfamilie berichtete. Oft interessieren sich die Jugendlichen nicht dafür, was die ältere Generation macht – aber ich bin sicher, dass der Begriff Kolping durch dieses Zusammenspiel für die Jugendlichen positiv besetzt war.

Vielleicht hat der weitgehend in Vergessenheit geratene Yves Congar auch solche kleinen Episoden erlebt, weshalb er seine großen theologischen Gedanken entfaltete. Definitiv wusste er um die Bedeutung der Gemeinschaft. Seine Geschichte fasziniert mich, weil ich mich so vertraut mit vielen seiner Ansätze fühle. Ebenso wie Karl Rahner kam er 1904 zur Welt. Yves Congar wuchs im Osten Frankreichs neben einer – in Frankreich ja eher seltenen – evangelischen Kirche auf. Er erlebte in seiner laizistisch geprägten Heimatstadt das Zusammenleben von Katholiken mit protestantischen, jüdischen und nichtchristlichen Mitbürgern. Diese frühe Erfahrung hat ihn theologisch geprägt, was sich später zeigte. Mit zwanzig Jahren trat er in den Dominikanerorden ein. *Zerrissene Christenheit* heißt sein Frühwerk, in dem der junge französische Dominikaner den ökumenischen Ansatz in den Mittelpunkt stellt.

In *Der Laie* erfährt das „Kirchenvolk" durch Congar eine Aufwertung, die zu dessen Lebenszeit so gar nicht zum Selbstverständnis der Kirche passte. Bei ihm wird aus der Kirche das Volk Gottes, mit der entsprechenden Anerkennung für die Laien und deren Wirken in der Kirche. Und Yves Congar zieht seine Begründung dafür aus den ursprünglichen Quellen, aus der Bibel, aus Traditionen der Urkirche. Und eben nicht aus den Traditionen, die sich erst im Verlauf der Jahrhunderte nach Christus etabliert und eingeschliffen haben.

Oft genug habe ich bei der Auseinandersetzung mit seinen Lehren gedacht: Was für ein Revoluzzer! Und natürlich kam es, wie es leider so oft in der Kirche kommt. Seine Bücher wurden zwar nicht verboten, die Glaubenskongregation untersagte aber Neuauflagen und Übersetzungen. Weil er zu den vom Vatikan abgelehnten französischen Arbeiterpriestern gezählt wurde, bekam Yves Congar 1954 sogar Lehrverbot, wurde im Vatikan verhört und ins Exil geschickt. Vermutlich wäre er durch das Verbot des Nachdrucks seiner Bücher völlig in Vergessenheit geraten, wenn ihn nicht Papst Johannes XXIII. zum Zweiten Vatikanischen Konzil zugelassen hätte. Wir wissen heute in Deutschland, dass ein Joseph Ratzinger und ein Hans Küng damals wichtige Rollen spielten. Aber manchen gilt Yves Congar als einer der einflussreichsten Konzilstheologen, er arbeitete an mehreren wichtigen Dokumenten mit. Vor allem aber soll er den entscheidenden Anteil daran gehabt haben, dass die Communio oder Koinonia (griechisch) zu einer eigenen Säule in der katholischen Kirche wurde.

Vier dieser Säulen gibt es – die Liturgie, die Verkündigung, die Diakonie/Caritas. Und eben die Communio, die Gemeinschaft. Bei den ersten drei Säulen hat die Kirche viel unternommen, um sie zu stärken. Aber die vierte Säule? Insbesondere in diesem brüderlichen Sinn, den Yves Congar verbreitete, ist sie leider kaum so zum Tragen gekommen, wie er es vorgeschlagen hatte.

Aber warum ist dieser Communio-Gedanke nicht stärker präsent geworden? Vielleicht, weil der französische Pater vom Schicksal hart getroffen wurde. Während Ratzinger herumreisen und das Zweite Vatikanum deuten konnte, erkrankte Congar schwer an einem Rückenmarksleiden. Fortan benötigte er einen Rollstuhl. Er war eingeschränkt, besonders im Reisen.

Hinter einer guten Idee muss auch immer jemand stehen, der sie mit Kraft vertreten kann, sonst gerät diese Idee irgendwann in

Vergessenheit. Bei Yves Congar war es so, dass seine Kraft fehlte, obwohl er noch sehr alt wurde. Als Johannes Paul II. ihn 1995 wenige Monate vor seinem Tod zum Kardinal erhob, war längst klar, dass auf Congars Ideen keine von ihm angezettelte innerkirchliche Revolution folgen würde. Solch eine Revolution hätte kommen können, und sie hätte der katholischen Kirche, aber auch der Ökumene gutgetan. Aber vermutlich war die Kirchenhierarchie ganz froh, dass ein aufgeschlossener Theologe wie Congar, der für die in Frankreich entstandene „Nouvelle Theologie" steht, ihr nicht querkam. Der Pater dürfte das geahnt haben. Schon zum Ende des Zweiten Vatikanums erschrak er darüber, dass Papst Paul VI. seine Ideen zur Brüderlichkeit aller Bischöfe offensichtlich nicht in die Praxis umsetzte, sondern sich lieber wie ein Herrscher inszenierte. Über die Auftritte des Papstes zum Ende des Konzils schrieb Congar: „Da war ja nur der Papst. Er thronte wie ein Herrscher. Alles war auf ihn bezogen. Er schien weniger in der Kirche als vielmehr über ihr."

Sagt das nicht alles darüber, wie sich manche kirchliche Fehlentwicklung erklären lässt? Ist das nicht die simple Erklärung, warum die Communio unvollendet geblieben ist? Einfach, weil dieser Gedanke die Hierarchie infrage stellte.

Ich übertrage das auf unsere Zeit. Nehmen wir den Synodalen Weg, auf dem Communio im Grunde ja versucht wurde. Nur lief das an entscheidenden Stellen falsch. Den Laien-Synodalen blieb am Ende nur das Gefühl, dass sie überall in der Kirche ihre Ideen einbringen, dass sie kreativ sein und modern formulieren können. Aber am Ende haben sie keine Entscheidungsvollmacht.

Beim Synodalen Weg wurden auch revolutionäre Wege überlegt. Aber dann kommt eine konservative Minderheit der Bischöfe und stoppt sie. Und wenn das nicht genug an Stopp ist, kommen als Nächstes noch der Vatikan und der Papst und machen sich über das deutsche Vorgehen lustig. Dann kommt der Vorwurf an die Deutschen, eine Kirchenspaltung zu forcieren, und schließlich erkennt man in einem demokratischen Ansatz eine Fehlform und verbietet einen synodalen Rat. Damit wird dieses monatelange, intensive und ernsthafte Bemühen der Synodalen auf einmal zu einer Pseudocommunio. Oder was ist das für eine Brüderlichkeit, wenn auf einmal die Minderheit der Bischöfe mehr Einfluss hat als eine liberale Mehrheit der Bischöfe plus die Laien?

Ehrliche und aufrechte Begegnungen sehen anders aus. Es müssten Gespräche auf Augen- und noch mehr auf Herzenshöhe sein. Alle, die um die Wahrheit ringen und sich damit intensiv auseinandergesetzt haben, müssten abschließend in einem demokratischen Prozess gemeinsam entscheiden und mit den Entscheidungen ihre Erfahrungen machen, ob der eingeschlagene Weg gut ist. So ist es in jedem demokratischen Gesetzgebungsverfahren – dazu gehört dann auch, falls nötig Fehler zu korrigieren. Sie müssten die Liebe zu den Menschen primär im Blick haben, die Sorge um die Menschen deutlich erkennen lassen, Empathie aufbringen für jedes menschliche Leben, mutmachende Wege aufzeigen, vorangehen, ausprobieren. Das wäre eine Communio, wie ich sie mir wünsche. Da bildet sich eine Gemeinschaft, in der ich über meine Verletzungen, meine tiefen Lebensthemen reden kann. Und in der ich auf diese Weise mit dem Innersten in mir ins Gespräch komme.

Wenn ich auf mein Berufsleben als Priester blicke, lande ich bei meiner Frage an die Kirche, wie wir so weit wegkommen konnten von dem, was in die Tiefe des Menschen führt. Meine Antwort darauf ist, dass wir zu wenige Möglichkeiten haben und suchen, uns zu begegnen. Und wenn wir uns begegnen, tun wir das oft auf einer formalen und strukturellen Ebene. Ich bestreite nicht den Sinn und die Wichtigkeit von Gremiensitzungen. Aber es sind zu viele, und es werden für jeden, der im Hauptamt steht, immer mehr. Das geht nicht gut. Nochmal zurück zu der Kolpingsfamilie, die mich anstelle der Gremiensitzung meinen Turmgottesdienst feiern ließ. „Ich danke euch, ihr gebt mir Raum", sagte ich ihnen. Diesen Raum habe ich dann immer gerne als Seelsorger gefüllt.

Communio ist im Grund so einfach umzusetzen. In meinen Anfangsjahren lernte ich von den Pfarrern in Pfalzdorf, Schermbeck oder in Recklinghausen, wie wichtig eine offene Tür ist. Ich hatte immer eine offene Tür. Ich wollte immer mittendrin sein, dort, wo die Orte des Lebens sind. Und wenn dann jemand kommt, weil er den Schlüssel fürs Pfarrheim vergessen hat, dann gibt es auch die Gelegenheit zum Gespräch. Dann weiß ich als Seelsorger, ob gerade etwas bei diesem Menschen brennt. Communio zeigt sich also nicht nur in der Liturgie, sondern letztendlich auch im Leben. Aber wenn dem Seelsorger oder der Seelsorgerin die Zeit für Begegnungen genommen wird, kann er oder sie natürlich auch nicht die Communio fördern.

In Mettingen konnte ich die ganzen Sommerferien über in alle Zeltlager mitfahren, da war ich im Emsland, in Dänemark, in Taizé. In Recklinghausen und in Münster-Roxel konnte ich im Jugendchor mitsingen. Wie alle anderen Sängerinnen und Sänger machte ich einfach mit, ich musste nichts organisieren. Aber auf einmal hatte ich einen Draht zu den Menschen, nur weil ich mitmachte und mittendrin war. In der Stephanus-Gemeinde in Münster hat die Jugend einmal im Monat eine Samstagsaktion selbständig geplant, vorbereitet und durchgeführt. Ich lud sie ein, zum Abschluss ihrer Aktion den Gemeindegottesdienst mitzufeiern. Immer zu dem Thema, das sie gerade bewegte. So entstand hier Communio.

Heute kommt immer das Argument, die Gemeinden hungern aus. Der Glaube ist nicht mehr so da, dann soll lieber der Heilige Rest überleben. Aber Gottes Leidenschaft ist doch der Mensch. Ich war immer vom Dirigenten Simon Rattle beeindruckt. Neben seinen professionellen Orchestern arbeitete er auch mit Menschen von der Straße. Im wahrsten Sinne des Wortes holte er Menschen von der Straße und machte dann mit ihnen Musik. Natürlich nahm er seine Leitung wahr. Die Frage ist aber: Wie leite ich? Bleiben die Menschen am Geschehen dran? Oder wenden sie sich ab? Ein Ehrenamtlicher, der sich in der Gemeinschaft nicht wohlfühlt, geht weg. Will Kirche das?

Luther sagte: Wir brauchen keinen Vermittler zwischen Mensch und Gott. Der einzige Vermittler ist der Mensch selbst. Im Buch

Sophies Welt steht ein ähnlicher Gedanke in anderen Worten: Jeder sollte sein eigener Pastor sein. Das ist vielleicht der Lösungsansatz, wie auch in kleiner werdenden Kirchengemeinden die Communio des Zweiten Vatikanums doch noch in die Tat umgesetzt werden kann. Brüderlich und schwesterlich vom Einzelnen aus gedacht, ohne die Hierarchie, wie wir sie ständig bremsend erleben. Und vielleicht auch mit weniger Fokussierung aufs Geld, wie es bis heute in der deutschen Kirche passiert.

Congar gehörte auch zu den Theologen, die den sogenannten Katakombenpakt beeinflusst haben. Vierzig Bischöfe, darunter Dom Hélder Câmara, unterzeichneten den Pakt. Sie bildeten eine „Kirche der Armen" während des Zweiten Vatikanischen Konzils. Eine ihrer zentralen Äußerungen: „Wir verzichten ein für alle Mal auf jeden Anschein des Reichtums wie auf tatsächlichen Reichtum, speziell in unserer Amtskleidung (teure Stoffe, auffallende Farben) sowie in unseren Amtsinsignien (kostbares Material)." Außerdem erklärten die Bischöfe, weder Immobilien noch Möbelausstattungen oder Bankkonten auf ihren eigenen Namen besitzen zu wollen – aller Besitz sollte auf den Namen der Diözese oder der sozialen und karitativen Werke geschrieben werden. So weltfremd manches darin klingen mag, so revolutionär und großartig ist dieser Ansatz doch bis heute. Denn das Ziel war, sich völlig den Menschen zuzuwenden. Ich finde es immer wieder wichtig, diesen Pakt ins Gedächtnis zu rufen!

14. Lebt Richtung Unendlichkeit

Eine befreundete Ärztin erinnerte mich an eine Begegnung, die ich selbst völlig vergessen hatte. Einer ihrer Patienten ist ein Mann aus meiner alten Gemeinde, dessen Frau nach schwerer Krankheit verstorben war. Er hatte sie bis zum Tod zu Hause gepflegt, ihr ein Loslassen in ihrem geliebten Daheim gewährt. Sich selbst hatte er dabei nicht geschont. In dieser Phase des Sterbens schaute ich manches Mal bei dem Ehepaar vorbei. Wir wechselten einige Worte, ich hörte ihm zu. An einem Tag merkte ich, dass es dem Mann nicht gutging. Er konnte nicht mehr, war völlig übermüdet von den Nachtwachen an der Seite seiner Frau. „Jetzt gehen Sie ins Bett", sagte ich ihm. „Ich übernehme die Nachtwache. Sollte etwas sein, wecke ich Sie." Dem Mann half das sehr, und er war für diese eine Nacht so dankbar, dass er es noch Jahre später unserer gemeinsamen Ärztin erzählte, als er von meinem Abschied aus dem Priesterdienst las. Was mich daran freut, ist nicht das, was sich um meinen Anteil an der Begleitung der Sterbenden dreht. Mich freut, dass der Mann vom Sterben seiner Frau nicht traumatisiert zurückgeblieben ist. Dass er hier eine Episode verinnerlichen konnte, vielleicht auch mehrere, die er weitererzählt hat. Dass er es schaffte, von selbst über das Sterben seiner Frau zu sprechen. Das ist nicht selbstverständlich, manche Menschen vermauern sich regelrecht hinter einem Schweigen, wenn ein geliebter Mensch geht. Insgeheim wissen diese Menschen, dass der oder die Verstorbene das nie gewollt hätte. Aber sie können nicht anders.

Ich habe immer schon Trauerkurse für Hinterbliebene geleitet. In die Kurse baute ich oft einen Impuls ein, der fast immer ein Aufbrechen der Trauer erreicht hat. Ich bat die Teilnehmer, ein Foto des geliebten Menschen mitzubringen. Ein Bild, das sie berührte. Die Teilnehmer brachten ihr Bild mit, zeigten es den anderen in der Gruppe und begannen zu sprechen. Die Gedanken und Emotionen flossen bei diesem Impuls. Die Traurigkeit der Trauernden bekam durch das mitgebrachte Foto plötzlich ein Gesicht.

Seit ich nicht mehr über das hohe Gehalt des katholischen Priesters verfüge, bin ich de facto ein „Geschäftsmann" geworden. Ich arbeite selbständig und biete meine Fähigkeiten als Dienstleister an. Eine meiner Hauptaufgaben sind neben Hochzeiten, Segensfeiern und Vorträgen Beerdigungen. Spöttisch wird mancher vielleicht sagen, mit dem Tod verdient der Laufmöller jetzt sein Brot. Beim Blick auf meine monatliche Buchhaltung kann ich das nur sachlich bejahen. Ein guter Anteil der Monatseinnahmen meiner Selbständigkeit entsteht daraus. Das ist aber kein Bruch in meiner Vita. Keine Suche nach einem ertragreichen Geschäft.

Offen gesagt ächzen manche meiner ehemaligen Kollegen schon seit Jahren darunter, dass sie mit immer weniger Priestern die vielen Beerdigungen in ihrem Zuständigkeitsbereich abhalten müssen. Da ist manch ein Priester froh, dass es eine wachsende Zahl an Trauerrednern und -begleitern wie mich gibt, die ihnen diese Aufgabe abnehmen. Aber wie gesagt, in meiner Vita ist es kein Bruch. Ich habe als Priester immer die Beerdigungen in meinen Gemeinden geleitet. Und ich habe auch immer dafür gesorgt, dass ein Bestattungsunternehmen zu jeder Tages- und Nachtzeit einen schnellen Kontakt zu einem Geistlichen, in der Regel zu mir, bekam. Wie hilflos fühlen sich die ohnehin schon tief trauernden Menschen, wenn sie immer wieder beim Bestatter anfragen, ob er schon etwas von der Kirche zur Trauerfeier gehört hat, und wie bedrückend ist es für sie, wenn dann der Bestatter die Trauernden vertrösten muss, weil gerade Wochenende ist oder Feiertag oder weil niemand Zeit hat.

Viele denken womöglich, in unserer säkularer werdenden Gesellschaft ohne Kirchenbindung verändert sich auch das Trauern. Die Frage „Was kommt nach dem Tod?" würde verschwinden, die Sehnsucht nach der Ewigkeit auch. Das ist aber überhaupt nicht so. Ich erlebe Trauer- und Sterbebegleitung zwar verändert, mit neuen Fragen und vielleicht auch mit mehr Distanz zu kirchlichen Riten. Aber die großen Fragen des Lebens, die stellen sich in unserer Zeit auch.

Meine Beerdigungsgespräche habe ich oft an Sonntagen geführt. Da bekommen solche Gespräche noch einmal eine ganz andere Intensität, da mehr Familienmitglieder Zeit haben und daran teilnehmen. Ich schaue immer zunächst auf die trauernden Personen, höre ihnen genau zu, bin ganz bei ihnen und versuche, auch ihre Gefühle und Haltungen stärkend wahrzunehmen. Am Ende des Gesprächs frage ich die Betroffenen nach der Bedeutung des Glaubens für sie, wenn dies nicht schon im Gespräch angeklungen ist.

Ich hatte einen Fall, da war der Sohn quasi „Religionsallergiker". Allein beim Gedanken an ein Vaterunser stellten sich bei ihm alle Nackenhaare auf. Die Beisetzung sollte in einem Friedwald stattfinden. Die Lebensgefährtin des Verstorbenen und die Frau des Sohnes wollten allerdings christliche Elemente und auch das Vaterunser bei der Beisetzung. Solche grundsätzlichen Konflikte sind schwer aufzulösen, da muss der Seelsorger oder die Seelsorgerin sensibel agieren. Aber auch wenn, wie in diesem Fall, ein Sohn Themen des Glaubens in seinem Denken keinen Raum bereitstellen will, wenn er sie als Utopie ansieht, werden Themen der Unendlichkeit irgendwann im Gespräch interessant. Ein Begriff wie Auferstehung stößt da ab – aber die Unendlichkeit des Weltalls, die ungeklärten Fragen, die sich damit verbinden, das fasziniert auch die Kirchenfremden. Auch die Hoffnung darauf, dem geliebten Menschen in irgendeiner Form einmal wieder zu begegnen.

Ich habe über die Jahre gelernt, dass ich dabei eine sensible Sprache wählen muss. Ein Mann sagte mir einmal: „Herr Laufmöller, bitte nehmen Sie nicht das Wort ‚Herr' in den Mund beim Trauergottesdienst." Er hatte eine schlechte Erinnerung an seinen verstorbenen Vater, diese verband er mit dem Begriff „Herr", denn der Vater hatte ein sehr herrisches Auftreten. Da war mir klar, warum der Mann nie mehr in den regulären Gottesdienst gehen konnte, alleine das regelmäßige „Herr, erbarme dich" musste ihn ja in die Flucht treiben. Andere Menschen können das Wort „Gott“ nicht mehr hören, auch das hat sich gesteigert. Gott lässt sich aber gut umschreiben: mit der Liebe, die im christlichen Sinne sein eigentliches Wesen ist. Deus caritas est. Damit können diese Menschen dann eher etwas anfangen. In einem anderen Trauerfall, in dem es in der Familie stark unterschiedliche religiöse Empfindungen gab, verständigten wir uns über Udo Lindenberg auf einen Nenner. „Hinterm Horizont geht's weiter“ heißt sein Lied, das für mich eine zutiefst christliche Botschaft hat.

Mit der Rückgabe des Priesteramts hat sich mein Glauben nicht geändert. Und natürlich flechte ich immer die christliche Botschaft in meine Trauerfeiern ein. Ich muss allerdings in dieser Phase der letzten Fragen des Lebens aus Zweiflern keine Glaubenden machen, das habe ich schon als Priester weder getan noch angestrebt. Ich will die Menschen auch gar nicht überzeugen. Ich will mit ihnen ins Gespräch kommen und daraus etwas entwickeln. Mahatma Gandhi sagte: „Ich hoffe, dass unsere Auseinandersetzung uns nicht menschlich voneinander trennt.“ Das ist beim Glauben genauso. Vor kurzer Zeit traf ich einen ehemaligen Oberministranten einer alten Gemeinde wieder, er hatte sich bei mir gemeldet. Irgendwann rückte er mit der Sprache raus, dass er aus der Kirche ausgetreten war und auch seinen Glauben verloren hatte. Aber wenn ein Freund den Glauben verliert, verliert ja nicht auch gleich die Freundschaft ihren Wert, oder? Für mich war das jedenfalls weder ein Schock noch ein Problem.

Im Unterricht in der Schule habe ich mich immer gerne von den Schülerinnen und Schülern in Glaubensfragen provozieren lassen. Sie sollten mich austesten. Zu manchen Themen musste ich mich einlesen und konnte ihre Fragen erst in der folgenden Unterrichtsstunde beantworten. In diesen eher konfrontativen Gesprächen setzte ich mich auch gerne mit den Religionskritikern auseinander. Etwa mit Ludwig Feuerbach, der sagte, der Mensch komme mit der Begrenztheit seines Lebens nicht zurecht, also projiziere er einen Gott. Er macht die Projektion laut Feuerbach aber so groß, dass sie größer ist als die Vergänglichkeit des Lebens. Ich finde, was Feuerbach da sagt, kann alles stimmen, theoretisch. Aber auch ein Feuerbach kann nicht verbindlich sagen, dass seine Projektionstheorie das Richtige ist. Karl Rahner, wie schon gesagt einer der größten katholischen Theologen des 20. Jahrhunderts, meint, es komme letztendlich darauf an, in das Geheimnis des Glaubens hineinzuspringen. Weiter sagt Rahner: „Glauben heißt nichts anderes, als die Unbegreiflichkeit Gottes ein Leben lang auszuhalten.“ Das ist ein wunderbarer Gedanke, finde ich. Dieser Gedanke trägt mich nach wie vor durch mein Leben. Dennoch ist und bleibt der Tod eine große Bewährungsprobe für den Glauben an Gott.

Haben Sie sich schon mal Gedanken gemacht, wie alt sie werden? Ich höre immer mal wieder von Menschen, die hier ihre persönlichen Rechenformeln anwenden. Da wird dann gerne mal das Durchschnittsalter genommen, das sich aus den offiziellen Sterbetafeln ergibt. Also landen Männer etwa bei um die 78 Jahren, Frauen bei etwa 83 Jahren. Die Optimisten rechnen noch ein paar Jahre drauf – wegen des medizinischen Fortschritts oder weil ihre Mutter oder der Opa fast hundert geworden sind. „Wir haben eine gute Konstitution in der Familie.“ Bei solchen Rechenexempeln denke ich an den alten Bestatter auf einer meiner Priesterstationen, der immer nur „Mach's jetzt!“ gesagt hat. Immer wenn ihm jemand erzählte, was er im Leben noch vorhabe, welchen großen Traum er sich in ein paar Jahren erfüllen wolle, sagte er: „Mach's jetzt!“ Schon fast aufdringlich. Aber er sagte immer, dass bei den Menschen, die dann doch nicht so alt geworden sind, wie sie sich ausgerechnet hatten, die Hinterbliebenen stets dasselbe gesagt hätten. „Er wollte doch noch … Sie plante doch schon lange …“ Seine Weisheit war deshalb: „Mach's jetzt!“

Mir geht es gar nicht so sehr um das verpasste Erleben, um die New-York-Reise, die dem plötzlichen Krebs zum Opfer fiel, zum Beispiel. Nein, ich unterhalte mich unheimlich gerne mit Menschen, die ihr Leben auf eine Unendlichkeit ausrichten, da verliert dieses „Mach's jetzt!“ als Rat des Bestatters seine stressige Wirkung.

Denn das Ausrichten auf Unendlichkeit bedeutet auch, dass ich im Leben auf dieser Welt nicht alles haben muss. Ich muss nicht jeder Sache hinterherlaufen. Es wartet die Unendlichkeit auf mich, nicht einfach nur das neueste Auto, die exquisiteste Kaffeemaschine, die exotischste Reise. Die Menschen früherer Generationen sind nach der nackten Statistik viel früher gestorben als heutige Generationen. Aber haben sie nicht eigentlich viel länger gelebt? Denn sie konnten glauben, dass es hinterher – also nach dem Tod – noch mehr gibt. „Ende des ersten Teils" könnte auf dem Grabstein stehen. Das eröffnet eine neue Perspektive, die so ganz anders ist als bei denen, die sagen, dass mit dem Tod alles vorbei ist.

Ich weiß, diese Sichtweise lädt dazu ein, sich als naiv belächeln zu lassen. Aber ich weiß auch, der Gedanke an die Unendlichkeit kann mir eine tiefe Gelassenheit geben. Ich habe eine Zielperspektive, genau wie der, der nach dem immer Neuen strebt. Aber ich habe ein größeres Ziel vor Augen. Der ehemalige Aachener Bischof Klaus Hemmerle sagte: „Mit meinen Grenzen grenze ich an Gott." Das heißt, ich lege meine eigenen Grenzen in den Grenzenlosen, da entsteht auf einmal wieder viel Raum.

Gerade rund um die Themen Ewigkeit, Unendlichkeit ist uns so viel Poesie geschenkt worden. Bei dem Satz von Karl Rahner – „Ich springe in Gottes Unendlichkeit hinein" – entstehen vor meinem inneren Auge Bilder von Kindern, die mutig von den Klippen ins Meer springen. Da ist Sonne, da ist ein Jubel, da ist Freude – genauso soll es mit der Unendlichkeit sein. Oder denken Sie an Dorothee Sölle, die sagt: „Am Ende der Suche und Frage nach Gott steht keine Antwort, sondern eine Umarmung." Reinhard Mey singt: „Du hast mir oft Fragen gestellt über Gott und über die Welt. Doch jetzt bringst du mich aus dem Lot mit deiner Frage nach dem Tod." Das Lied endet so hintersinnig, wie Reinhard Mey nun mal ist. Zum Tod singt er: „Dahinter liegt der Quell des Lichts, das Meer, vielleicht auch nichts."

Viele Menschen denken vielleicht, ein Geistlicher muss doch zu hundert Prozent glauben. Als ich einer Frau das Lied von Reinhard Mey mit seinem zweifelnden Schluss zitierte, war sie völlig irritiert. Mir war es wichtig, ihr gegenüber auch der Breite meiner eigenen Gedanken einen Platz zu geben. Da existieren auch Zweifel. Die will ich gar nicht verschweigen. *Im Zweifel glauben*, so lautet der Titel eines Buchs von Margot Käßmann. Zweifel führen zur Auseinandersetzung und oftmals zu einem tieferen Glauben. Das habe ich bei mir selbst und anderen oft erfahren.

Ich glaube, dass viele Menschen eine wachsende Entfremdung von der Kirche erleben. Ein wesentlicher Faktor dafür ist die formelhafte Sprache, die in kirchlichen Kreisen benutzt wird. Um dieser Entfremdung entgegenzuwirken, muss die Kirche Wege suchen, ihre Sprache zu erneuern. Dies bedeutet nicht, die Tiefe der christlichen Botschaft zu verwässern, sondern sie in einer Weise zu kommunizieren, die für die Menschen von heute verständlich, relevant und berührend ist.

Früher als Priester, aber auch jetzt noch begleite ich Menschen immer wieder auf ihrem letzten Weg in den Tagen und Wochen des Sterbens. Mit dem Wort der Unendlichkeit gehe ich ganz behutsam um. Ich kann nichts beweisen, ich will nichts vormachen. Ich versuche aber trotzdem deutlich zu machen, dass das Sterben ein Hineinfallen in die Liebe Gottes ist. Es gibt manche Menschen, die sich mit diesem Gedanken innerlich im tiefen Vertrauen in den Tod haben fallen lassen können. Da war etwa der Mann, der in der Sterbestunde die Hand seines Sohnes nahm. Das war total untypisch für ihn, er war im Alltag ein eher weniger emotionaler Vater. Aber gerade dieses Untypische zeigte der Familie, dass der Mann sich hatte fallen lassen können. Ich hoffe für mich selbst auch, dass ich irgendwann mit diesem Gefühl von der Welt Abschied nehmen kann. Ich möchte dieses Gefühl, mich fallen lassen zu können, bewahren – wie ein Trapezkünstler, der im Moment des Fallens von einem starken Netz aufgefangen wird.

Als Priester oder auch einfach als erwachsener Mensch wird man selten gefragt, wie man sich den Himmel vorstellt. Oder sind Sie das schon gefragt worden oder haben Sie das schon mal gefragt? Meine Schülerinnen und Schüler haben mich immer alles Mögliche gefragt. Das war sehr erfrischend. Und es forderte mich heraus, meine Sichtweisen zu bedenken. Wenn es um die Frage der Unendlichkeit, des Lebens nach dem Tod ging, versuchte ich mich bei meiner Antwort immer an der Botschaft von Jesus zu orientieren. Ich glaube, dass nach dem Tod all das, was auf Erden so mühsam war, überwunden ist. Und dass dafür erfüllte Liebe mich ummantelt. Das ist tatsächlich meine Überzeugung. So sind auch meine Wiedersehenserwartungen und -hoffnungen mit all den schon Verstorbenen. Das letzte Hemd hat keine Taschen, das kennen wir als Spruch. Du kannst nichts mitnehmen, nicht deine Kette und nicht deinen Ferrari. Auch der Körper bleibt auf Erden. Mein Bruder Bernd ist als kleines Kind gestorben. Wie werde ich ihn erkennen? In meiner Erwartung und in meiner Hoffnung werden wir einander an der Liebe erkennen. Für mich ist die christliche Botschaft immer schon eine Botschaft der Liebe gewesen – und das bleibt.

Das klingt jetzt alles leichter, als der Moment des Sterbens ist. Da ist oft Schmerz. Und zwar auch im wahrsten Sinne des Wortes. Denn die Menschen, die sich auf ihren Tod vorbereiten, tun das oft aufgrund einer schweren Krankheit wie etwa Krebs. Da ist der körperliche Schmerz. Es gehört aber auch ein seelischer Schmerz dazu. Denn Menschen, die sterben, wollen oft auch erzählen. Sie müssen aber erst jemanden suchen, der das aushalten kann. In der Familie ist das vielleicht schwierig, die Angehörigen wollen oft nicht hören, dass jemand wirklich bald stirbt. Da ist immer noch die Hoffnung, dass es vielleicht doch etwas länger geht. Freunde sind manchmal leider genau in dieser Sterbephase eine Enttäuschung. Ich habe viele Ehepaare erlebt, bei denen als Folge des Sterbens eines der beiden Partner Freundschaften zerbrochen sind. Einfach, weil die alten Freunde sich während der schweren Krankheit nicht gemeldet haben. Das kann ich Ihnen nur zu bedenken mitgeben, wenn Sie in die Situation kommen, dass jemand aus Ihrem Umfeld stirbt. In diese Situation werden Sie kommen, da bin ich sicher.

Ich erlebe bei Sterbenden immer die Sehnsucht nach Nähe. Aber es muss eine Nähe sein, von der der Sterbende merkt, dass sie ihm guttut. Er möchte merken: Mein Gesprächspartner hält mein Sterben aus. So ein Kontakt kann auch neu entstehen, etwa wenn im Hospiz ein Sterbebegleiter einen guten Draht zu einem Patienten entwickelt. Es ist wichtig, dass überhaupt so ein Kontakt da ist. Denn es geht natürlich bei den Sterbenden ganz viel um die Unendlichkeitsfragen, um die Frage nach dem „Danach", dem „Wohin". Die Menschen suchen nach Antworten und danach, dass jemand das Unbegreifliche in Worte zu kleiden versucht.

Solche Gespräche haben auch Grenzen. Wenn eine Mutter ihr Kind verliert, ist der Gedanke der Unendlichkeit ganz klein. Dann ist da nur Schmerz. Menschen erzählen oft auch von ihren Empfindungen. „An seinem Körper war alles erloschen, eine schreckliche Reglosigkeit, Endgültigkeit", sagte mir eine Frau. Ein junger Witwer sagte: „Am Tisch zu sitzen, mit den Kindern zusammen, und der Blick auf ihren leeren Platz? Das ging nicht, ich habe lieber im Stehen gegessen, als diesen Blick zu haben." Als „Boot im Nebel" bezeichnete sich ein Trauernder, eine Frau verglich das Sterben ihres Mannes mit: „Der Zug fährt ab, ohne mich, du allein, und ich bleibe zurück." Auch da ist die Unendlichkeit ganz klein, der Schmerz ganz groß. Ich versuche in den guten Zeiten, den gesunden Zeiten, das Sterben mit in meine Gedanken zu lassen. „Lerne, wie man stirbt, und du wirst lernen, wie man lebt", lautet eine Weisheit, die ich einmal gehört habe. Als Seelsorger kannst du nur versuchen, deine Empathie mitzubringen, um die Trauernden zu erreichen. Die Menschen müssen merken, dass du ihr Leiden mitspürst. Du musst nicht in dieselbe Trauer verfallen, aber du musst spüren, was für eine Trauer gerade die Menschen erfüllt. Empathie ist dort gefragt, oder – wie Johann Baptist Metz es nennt – Compassion.

Mir ist die Nähe zu den Menschen das Kernanliegen meines Tuns. Ich möchte die Menschen ermutigen, sich selbst groß zu machen. Auch in den großen Fragen des Lebens, die manche regelrecht runterdrücken, in die Verzweiflung treiben. Gerne sage ich einem Menschen deshalb: „Du musst glauben, was du fühlst." Versuchen Sie diesen Gedanken einmal zu verinnerlichen. Ich stehe am Meer, vor mir die ganz große, unbegreifliche Weite. Ein Mensch fühlt da intensiv – ich sage: „Glaube, was du fühlst." Noch herausfordernder sage ich: „Du musst auch glauben, was du singst." Du singst an diesem Meer Udo Lindenberg: „Hinterm Horizont geht's weiter." Was fühlst du da? Glaube, was du fühlst! Löse dich von der Ratio.

Im Buch *Dienstags bei Morrie* von Mitch Albom las ich den wunderbaren Satz: „Der Tod ist das Ende des Lebens, aber nicht das Ende der Beziehung." Ich habe dieses Empfinden sogar ganz intensiv mit meiner Hündin erlebt und erfahren. Seo – eigentlich heißt sie Deseo, aus dem Spanischen übersetzt: der Wunsch – ist ganz zufällig in mein Leben gekommen. Sie war die Rhodesian-Ridgeback-Hündin von engsten Freunden. Von Anfang an nahm ich sie in mein Leben und in mein Herz hinein. Über elf Jahre gab es kaum einen Tag, an dem ich den Alltag nicht mit ihr teilte. Sogar bei den alljährlichen Urlauben mit meinen Eltern war sie dabei. Ich habe dieses Tier wirklich von ganzem Herzen geliebt und unter ihrem Tod sehr gelitten. Aber Seo taucht in meinem Alltag immer wieder auf, in Erinnerungen, in Erlebnissen, in besonderen Momenten. Sie ist und sie bleibt! Denn der Tod ist das Ende des Lebens – aber nicht das Ende der Beziehung, da kann ich aus eigener Erfahrung Morrie völlig Recht geben.

Jeder liebende Mensch hinterlässt auf der Erde eine große Lücke, weil jeder, der Liebe gibt, auch geliebt wird. Diese Lücke kann keiner füllen, auch Gott nicht. Er will sie auch gar nicht füllen und hilft uns dadurch – wenn auch unter Schmerzen, vielleicht auch in Dankbarkeit –, mit dem verstorbenen Menschen weiterzuleben. Auch das ist Unendlichkeit, wenn die Liebe auf der Erde weiter geteilt wird.

Ich habe von meinem Trauerseminar berichtet, dem Impuls mit dem Foto des oder der Verstorbenen. Es gibt viele andere Wege, im Trauerprozess aus der Passivität zu kommen. Sie können die Trauer fließen lassen. Nehmen Sie eine Schüssel und einen Krug voll Wasser. Fragen Sie sich: Was kann ich schon fließen lassen? Das gieße ich mit dem Wasser symbolisch in die Schüssel. Was staut sich noch in mir an? Das bleibt im Krug. Dies kann ein Ritual werden in der Trauerphase. Bei manchen geht es schneller, bei anderen dauert es länger – aber irgendwann können alle die Trauer fließen lassen, den Krug in die Schüssel leeren. Oder schaffen Sie sich eine Schatzkiste der Erinnerung, ob in ihrer Vorstellung oder als reale Schatzkiste. Welche Erinnerungen an den Verstorbenen möchte ich unbedingt festhalten, welche Erinnerungen trage ich in meinem Herzen, und mit wem kann ich sie gut teilen? Welche Erinnerung gibt mir besonders viel Kraft, um weiterleben zu können? Ein wichtiger nächster Schritt im Trauerprozess ist die Hoffnung. Nehmen Sie ein Glas mit einem Teelicht darin und bemalen Sie es mit Glasmalstiften. All die Hoffnungszeichen, die Ihnen in den Sinn kommen, können Sie auf das Glas malen. Erzählt habe ich dazu die Geschichte der vier Kerzen am Adventskranz. Drei der brennenden Kerzen wurden ausgeblasen, waren ausgelöscht wie das Leben. Nur die Hoffnungskerze brannte noch, und sie entzündete alle drei anderen Kerzen wieder.

Mir ist in jeder meiner Lebensphasen die Selbstreflexion sehr wichtig. So gehe ich auch mit den Fragen der Unendlichkeit um. Ich bediene mich dabei auch gerne mancher Symbole. Trauernden habe ich ein kleines Labyrinth aus Holz mitgebracht, dazu eine Kugel. Das Ziel ist die Mitte. Doch wie das Leben so ist – und nichts anderes ist mit dem Labyrinth gemeint –, ist der Weg oft schwer. Das Labyrinth ist kein Irrgarten, denn in einem Labyrinth gibt es keine Sackgassen, sondern der Weg geht immer weiter, auch wenn es kurvig ist. Er führt letztlich immer zur Mitte. Manchmal bin ich schon nah dran am Ziel und muss doch wieder umkehren, weg vom Ziel. Aber der gläubige Mensch weiß, mein Ziel ist Gott, und zu diesem Ziel bin ich unterwegs. Sie sind skeptisch? Sie können damit nichts anfangen? Halten Sie den Himmel für sich offen!

Ich kann Ihnen nur mitgeben, zumindest einen der Impulse auszuprobieren, wenn Sie in eine Phase der Trauer kommen. Es hilft wirklich sehr, aktiv zu sein – ob ich nun glaube oder nicht. Und wer sich an zu viel Frömmigkeit stößt, dem lege ich noch einmal die Weisheit Karl Rahners ans Herz: „Glauben heißt nichts anderes, als die Unbegreiflichkeit Gottes ein Leben lang auszuhalten."

15. Füllt den neuen Wein in die alten Schläuche

Ein Freund erzählte mir von seinem Neffen. Ende zwanzig, Jurist, mit einem großen Freundeskreis. Der junge Mann war früher einmal Messdiener gewesen. Ganz engagiert, doch mit dem Schulabschluss und dem Wechsel an die Uni war damit Schluss. Das ist nicht ungewöhnlich. So ist es auch in seinem Freundeskreis voller aufstrebender junger Männer und Frauen der sogenannten Generation Z. Er sagt, dass dort niemand mehr in irgendeiner Form kirchlich gebunden ist. Die Hochzeiten in dem Freundes- und Bekanntenkreis finden standesamtlich statt. Vielleicht noch in einer gesonderten Zeremonie mit einem Hochzeitsredner. Ganz selten in der Kirche, und dann meist wegen der Eltern und Großeltern. Aber was der junge Mann sagt: „Die gehen zwar alle nicht in die Kirche. Aber wenn ich mit ihnen spreche, ist bei fast allen Glauben vorhanden." Auf achtzig Prozent taxiert er den Anteil der „an was auch immer" Glaubenden, was ein deutlich höherer Anteil wäre, als die Umfragen der jüngeren Zeit sagen. Und was auch all denjenigen Hoffnung machen kann, die Sorgen haben wegen fehlender junger Menschen etwa in den Kirchen.

Zugegeben, die Beobachtung eines einzelnen jungen Mannes in einem obendrein auch noch nicht sonderlich repräsentativen Milieu – „Wohlstandskids", fast niemand mit Migrationshintergrund – ist nicht annähernd repräsentativ. Und doch ist da etwas, was ich ein „Wabern" nennen möchte. Es wabert wie in allen Generationen etwas durch die Köpfe der Menschen, was dem Unerklärbaren des Lebens nachhängt. Ein Grundbedürfnis nach Sinngebung und Transzendenz. Woher komme ich? Wohin gehe ich? Die zentralen existenziellen Fragen, die das Leben jedes Menschen prägen. Ich habe das in meinem aktiven Priesterdienst bis zuletzt immer wieder bei Begegnungen erlebt, auch bei Kommunionvorbereitungen. Da waren viele Familien, die nicht mehr den Hauch einer Ahnung von Riten und Traditionen hatten. Aber immer spürte ich: Da ist etwas. Ein etwas diffuses Verständnis von „da ist doch was, das mehr ist als wir". Und das erlebe ich auch jetzt, da ich als Trauerredner Beerdigungen leite oder Sterbende begleite. Selbst am Ende eines in größter Distanz zu den Kirchen, zum Glauben gelebten Lebens steht immer wieder die Frage: „Kommt da noch was? Was kommt da? Worauf darf ich hoffen?"

Alle Menschen brauchen Heimatorte. Es brauchen auch diejenigen Menschen Heimatorte, die immer noch glauben, aber nicht mehr in ihrer Kirche sein wollen und können: wegen der Missbrauchsskandale. Oder weil sie einmal aktiv waren und enttäuscht wurden. Weil sie sich entfremdet haben. Und tatsächlich brauchen auch diejenigen Heimat-Glaubens-Orte, die bis heute in ihren Kirchen aktiv sind, die gerne geblieben sind oder sich schlicht nicht haben vertreiben lassen wollen. Für all diese Menschen möchte ich ein Bibelwort umdrehen: „Füllt den neuen Wein nicht in die alten Schläuche." (Mt 9,17, Lk 5,37f, Mk 2,22) Ich meine: Füllt den neuen Wein in die alten Schläuche. Ich sage das nicht, um die Weisheit des Jesusworts anzuzweifeln. Ich sage das, weil es gar nicht anders geht. Denken Sie an all die Gruppen, die das Rad im Glauben ganz neu erfinden wollen. Im freikirchlichen Bereich gibt es das immer mal wieder. Da sind oft unheimlich charmante, mitreißende Grundideen. Aber es entsteht eine Dynamik, dass einer es besser weiß als die anderen. Dass aus Euphorie Dogmatik wird. Und dass die Gruppen in eine Art Sektierertum abgleiten. Jenseits dieser kritischen Sicht hat der Appell, den neuen Wein in die alten Schläuche zu füllen, zuerst etwas ganz Menschliches. Das Neue zu erschaffen ist tausendmal herausfordernder als das Alte zu erneuern.

Aus dem Mund eines Priesters, der den Dienst wegen des persönlich so empfundenen Machtmissbrauchs seines Bischofs quittiert hat, klingt das ungewöhnlich. Aber es ist auch nicht so prokatholisch zu verstehen, wie es zunächst klingt. Es gibt viele Menschen, die es schon wegen des Missbrauchsskandals ablehnen, in eine katholische Kirche zu gehen. Womöglich kommt das nach der missglückten Aufarbeitungsstudie jetzt auch auf die evangelische Kirche zu. Und trotzdem wird da bei manchen so eine spirituelle Leere entstehen. Weil sie was suchen, weil es dieses Wabern gibt. Ich kann nur ermutigen, sich im Bereich der bereits bestehenden Strukturen auf die Suche zu machen.

In der Stephanus-Gemeinde gab es zum Beispiel eine Familie, die hat es nicht mehr ausgehalten. Sie sagten: „Wir gehen zu den Altkatholiken.“ Sie brachten ihre musikalischen Talente dort ein und initiierten einen Chor. Die Kinder fühlen sich wohl. Das ist ein sehr nahtloser Wechsel. Die Wunden der Familie wurden durch diese Entscheidung nicht geheilt, aber die Familie hatte den Willen und die Kraft, neue Wege zu gehen. Denn ihr war ja nicht der Glaube abhandengekommen. Nur konnte sie einfach nicht fassen, was da bei meiner Zwangsversetzung passiert war. In diesem Fall ist der neue Wein die suchende Familie – der alte Schlauch ist die altkatholische Gemeinde, die ja auch schon seit vielen Jahrzehnten besteht. Und dorthin hätte diese Familie schon längst gehen können. Aber erst jetzt, mit ihrer persönlichen Neuorientierung, war der passende Moment gekommen.

Es gibt trotz der schrumpfenden Kirchen vielfältige Möglichkeiten, seinen Glauben zu leben, und da muss jeder für sich sehen, welche er nutzt. Eine andere Familie aus meiner alten Gemeinde geht nun in die evangelische Kirche. Da gibt es eine aufgeschlossene Pastorin, sie fühlen sich dort wohl. Auch diese Familie hat einfach den Blick geweitet und geschaut, was ihr guttun kann – und ist fündig geworden. Genau zu solch einem Vorgehen würde ich ermutigen. Die Richtung ist überall gleich. Wo finde ich Menschlichkeit? Diese Frage interessiert die Suchenden. Und wo Menschlichkeit ist, da kann auch der Glaube wachsen. Aber ich bin nach meinen persönlichen Erfahrungen natürlich nicht mehr naiv. Es kann dir auch an einem neuen Ort passieren, dass du etwas aufbaust, Gemeinschaft schaffst, und dann kommt jemand von außen und macht es kaputt. Das ist ein Machtmissbrauch, den Menschen nicht ertragen können und deshalb weggehen. Aus dem Grund sage ich trotz meines Appells für die alten Schläuche: Baut eine neue Urkirche. Baut sie innerhalb der Strukturen und macht euch aber resilient gegen die entmündigenden Einflüsse „von oben".

Ich weiß, das Wort „Urkirche" klingt sehr groß. Wer an Kirche denkt, denkt wegen unserer Erfahrungen mit Kirche an so was Großes, mit Gebäuden, Geld, vielen Menschen, womöglich Einfluss. Dabei geht es mir doch um das Große im Kleinen. Wissen Sie, ich komme aus einer Schreinerfamilie. Mein Vater war und ist Schreiner und hat einen Betrieb aufgebaut, meine Mutter hat die Bücher geführt. Mein Vater wollte immer, dass sein Betrieb eine bestimmte Größe nicht übersteigt. Er wollte selbst noch mitarbeiten. Nicht nur dirigieren und anweisen. Heute leitet mein Bruder in der nächsten Generation den Betrieb, da ist das gar nicht mehr anders möglich, allein wegen der Bürokratie. Er muss so viel leiten, organisieren, planen, strukturieren. Das Gute daran ist: Das kann er, da liegen seine Talente, gerade im Gespräch und in der Begegnung mit den Kunden. Ich würde es dagegen in einer Kirchengemeinde gerne so halten wie mein Vater. Ich bin pastoral eben der Typ, der gerne mit dabei ist. Da hat so eine Gemeinschaft eine Grenze. Aber das ist für mich das Wesen von Urkirche: Gemeinschaften, in denen sich alle noch kennen.

16. Hätte ich drei Jahre

In München gab es einmal einen Mann, der hat aus dem Nichts etwas ganz Großes aufgebaut: Väterchen Timofei. Der hat einfach nach Kriegsende am Gelände des heutigen Olympiaparks am Münchner Olympiastadion ohne Baugenehmigung, aber auch ohne Finanzierung oder andere Hilfe aus dem Schutt der Ruinen des Zweiten Weltkriegs eine kleine Kapelle errichtet. Das Ganze machte er über mehrere Jahre zusammen mit seiner Partnerin Natascha. Als die Stadt die Kapelle vor den Olympischen Spielen 1972 einebnen lassen wollte, weil sie auf dem Gelände des geplanten Olympiaparks stand, protestierten die Münchner. So lange, bis das Olympiagelände ein paar hundert Meter verlegt wurde. Die Behörden ließen ihn danach gewähren. Väterchen Timofei lebte als Einsiedler in dieser Kapelle. Er wurde zu einem Menschenmagneten, sprach mit den Leuten und wurde zu einem Bestandteil des Olympiaparks wie der Olympiaturm, wurde für die Münchner zu einem Bestandteil ihrer Stadt, wie für Auswärtige das Hofbräuhaus fester Bestandteil Münchens ist. Timofei gelang das, weil er diese Idee und diesen Willen hatte, und ganz offensichtlich auch, weil er etwas ausstrahlte. Seine Kapelle bot er der katholischen Kirche an. Doch die lehnte ab, weil sie ihnen zu orthodox war. Er bot sie auch der orthodoxen Kirche an. Doch die lehnte ab, weil sie ihnen zu katholisch war. So machte Timofei es alleine und schuf quasi einen urchristlichen Ort. Frei von Verpflichtung und Hierarchie. Leider nahm seine Geschichte kein gutes Ende. Als Timofei im Alter von 110 Jahren gestorben war, kümmerte sich zwar ein Verein um sein Lebenswerk. Doch bald danach brannte seine Ost-West-Friedenskirche genannte Kapelle ab.

Und trotzdem hatte dieser Bruder etwas, was uns gerade fehlt. Diese Entschiedenheit und den Willen, aus einer Idee heraus etwas aufzubauen. In Mettingen gab es den Steyler Missionar Richard „Ite“ Stark. Der war als junger Missionar in den 1960er Jahren nach Afrika gegangen und baute viele Jahre in Zaire an vielen Orten eine lebendige Mischung aus Gemeindeleben und sozialen Netzwerken auf. Als Mitte der 1990er Jahre der Bürgerkrieg das Ende Zaires und den Anfang der Demokratischen Republik Kongo einläutete und blutige Kämpfe begannen, floh Ite. Er lernte im Rentenalter Russisch und ging als Nächstes nach Sankt Petersburg. Dort erreichte er, dass er eine in der Sowjetunion als Lager und Fabrik genutzte Kirche wieder für Gottesdienste nutzen durfte. Auch hier entstand aus dem Nichts auf einmal wieder ein Gemeindeleben. Und weil Ite so starke Bande nach Afrika hatte, kamen auch viele nach Russland ausgewanderte Afrikaner zu seinen Gottesdiensten.

Zwei Gottesmänner, die einfach nur wollten. Ich stelle mir vor, wie es wäre, heute eine als tot geltende katholische oder evangelische Gemeinde zu übernehmen. Jemand überlässt sie mir und sagt: „Thomas, hier ist kein Glaubensleben mehr, diesen Ort braucht offenkundig niemand mehr, du kannst ihn gerne haben.“ Ich glaube, dass es gelingen kann, in solch einen Ort Leben zurückzuholen. Ich würde sagen, gebt mir drei Jahre. Und ich lasse mich gerne daran messen, ob es gelingt oder ob es scheitert.

Für mich fühlt sich dieser Gedanke ein bisschen wie die Renaturierungen an, die mit vielen Anstrengungen im Ruhrgebiet unternommen wurden. Da wurde über Jahrzehnte im Sinne der Industrie nur eingehegt, einbetoniert, weggeschnitten. Und plötzlich merkten die Menschen, dass die Natur dadurch lebensfeindlicher wurde, dass die Insekten verschwanden, die Vögel wegblieben, die Flüsse zu Kloaken wurden. Tatsächlich gelang es aber mit einer Jahre andauernden Kraftanstrengung, vieles wieder zum Guten zu drehen. Ich bin in verschiedenen Jahrzehnten entlang der Ruhr Fahrrad gefahren. Der Unterschied ist beeindruckend, packend. Da sind viele kleine Paradiese entstanden, wo es früher stank und das Schwimmen gesundheitsgefährdend war. Natürlich gibt es weiterhin Industrie, aber das Zusammenspiel ist viel gesünder geworden. Vielleicht sollte sich manch ein Kirchenfürst die Geschichte des Ruhrgebiets inklusive der Renaturierung aneignen, das öffnet sicher einen anderen Blick auf die gerade stattfindende Verengung des kirchlichen Lebens auf eine Monokultur des Konservativismus. Diversität ist nicht nur in biologischen Systemen der Schlüssel für den Erhalt eines gesunden Ökosystems. Auch in der Kirche kann Diversität der Schlüssel zu mehr Resilienz und ein wichtiges Mittel gegen den Verfall sein.

Drei Jahre habe ich nun also in meiner Vorstellung, um die Renaturierung einer nicht mehr lebendigen Gemeinde zu vollziehen. Ich habe keine revolutionären Vorstellungen, was solch einem verlassenen Kirchenort guttun würde. Ich würde es einfach genauso machen wie bei meiner Ankunft in der Münsteraner Aaseestadt vor gut zwanzig Jahren. Ich hatte mir Zeit genommen, um anzukommen. Diese Zeit würde ich mir bei den drei Jahren auch locker abknapsen. Ich habe schon von meiner Ridgeback-Hündin Seo erzählt. Auch für solch einen Neustart hätte ich einen Hund dabei, denn das öffnet die Gesprächskanäle. Ich würde mit ihm Spaziergänge machen und dabei viele Menschen kennenlernen. Ich würde mit dem Fahrrad durchs Gemeindegebiet fahren, nur mit dem Fahrrad, nicht mit dem Auto. Auf diese Weise würden mich die Menschen auch sehen und wahrnehmen. Und ich würde nicht nur Menschen kennenlernen, die bereits einen Stempel haben à la: „Ich war schon immer im Gremium der Vorsitzende.“ Sondern ich würde viele Menschen kennenlernen, ohne dass irgendwelche Schubladen geöffnet werden. Einfach unvoreingenommen, einfach offen.

Ich würde in der ersten Zeit meine Energie dafür einsetzen, die Menschen und die Umgebung wahrzunehmen, indem ich einfach treu und regelmäßig Gespräche und Begegnung suche. Dann würde ich den leeren Kirchenraum öffnen. Tatsächlich öffnen. Nicht nur die Türen aufschließen, sondern sie auch öffnen, damit klar ist: Da ist irgendwas. Bei mir wären es das Orgelspiel und das Singen. Vermutlich müsste ich es zunächst alleine, für mich machen.

Aber wenn die Türen offen sind, bin ich zu hören, und das lockt. Vielleicht kommt mal jemand herein, vielleicht spricht mich jemand an. Ich würde danach mit einem Aushang zu einem offenen Singen einladen. Das Singen hat solch eine bindende Kraft, solch eine Anziehung. Ich bin sicher, dass Menschen kommen würden. Und ich bin sicher, sie mit der richtigen Mischung aus modernen geistlichen Liedern und vielleicht ein paar Klassikern binden zu können. So viel Erfahrung habe ich – ich bin gewiss, bald hätten wir einen Chor. Und ich bin mir sicher, bei einem Neustart kommen auch viele, die noch nie in einem Chor waren, es aber gerne ausprobieren möchten. Das ist eine grundsätzliche Chance für den Neustart einer nicht mehr lebendigen Gemeinde: Ich muss mich nicht an die alten Zöpfe halten. Häufig sind in vielen Gemeinden die Alteingesessenen die, die das alleinige Sagen für sich reklamieren. Aber sind nicht oft die, die neu zuziehen, viel dynamischer? Und sind sie nicht auch viel freier, weil sie keine Rücksicht auf alte Konflikte nehmen müssen – denn sie kennen diese Konflikte schlichtweg nicht? Dieser Gedanke jedenfalls ist mir wichtig, für die weiteren Schritte.

Nach einiger Zeit würde ich Gruppen mit entsprechenden Ansprechpersonen in der Gemeinde bilden. Jeder Ort würde einen anderen Bedarf haben, die Art der Gruppen hinge also von der Umgebung ab, wo solch eine Gemeinde tatsächlich ist. Ich empfinde die Caritas als eine der Uraufgaben, die ich quasi überall verwirklichen kann. Wir erleben das gerade: Die Tafeln haben einen Zulauf wie nie, seit es diese Form der Armenspeisung gibt. Also bekäme solch eine wiederbelebte Gemeinde als Erstes eine karitative Gruppe. Auch eine Eine-Welt-Gruppe scheint heute genauso notwendig und wichtig wie beim Aufkommen der damals noch Dritte-Welt-Kreise genannten sozialen Arbeit für die Ärmsten in Afrika oder Südamerika. Senioren- und Kinderarbeit gehört auch von Anfang an zu einer Gemeinde, die wieder lebendig werden will. Meine Aufgabe – und dafür würde ich mir auch die nötige Zeit lassen – ist, als Dirigent das Ganze zusammenzuhalten. Deswegen sind diese Ansprechpersonen so entscheidend. Wir bräuchten einen guten Austausch, einen Draht zueinander, das lässt sich zwischenmenschlich bald feststellen. Natürlich muss sich so eine wieder entstehende Gemeinde auch demokratische Strukturen geben. Ein Pfarreirat oder Pfarrgemeinderat gehört gewählt.

Und dann würde ich die Gruppen erweitern, mich in anderen Gemeinschaften, die auf dem Gemeindegebiet liegen, einbringen. In den Sportverein, in die Musikschule und überhaupt in Schulen, in aufgeschlossene Kirchengemeinden etwa der evangelischen Kirche. So würde ich die Gemeinde erweitern und in ihrem Milieu verankern, ob es in einem Dorf ist oder in einer Großstadt. Und natürlich würden wir Feiern ausrichten. Denn auch das bindet, sorgt für Gemeinschaft. Auch hier gilt, sich in dem vorhandenen Milieu zu orientieren. In einer Karnevalshochburg würde ich mit noch einer weiteren Karnevalsveranstaltung nur gelangweilt verdrehte Augen auslösen. Aber vielleicht erfreuen sich die Menschen an einem Wein- und Wasserfest im Herbst oder einem Kabaretttag im Frühling? Jedenfalls gehören die Feste dazu.

Genauso wie die Gottesdienste. Natürlich würde solch eine reaktivierte Gemeinde auch ihre Gottesdienste haben. An Sonntagen vermutlich, aber auch das wäre eine wirklich offene Frage. Warum soll ich zum Beispiel an einem Sonntag um 10 Uhr zum Gottesdienst einladen, wenn dann auch schon in einer benachbarten Gemeinde Gottesdienst ist? Ich erlebe Kirche leider auch oft so, dass nicht über den Tellerrand geguckt wird. Da bildet sich in einer Fusion eine Großgemeinde mit sechs ursprünglichen Gemeinden. Und an einem Wochenende halten vier dieser Gemeinden mit Ehrenamtlichen praktisch gleichzeitig Kindergottesdienste ab, die folgenden sechs Wochen gibt es dafür aber in keiner der Gemeinden einen Kindergottesdienst. Ich dachte immer schon: Sprecht euch bitte ab. Macht es doch zum obersten Prinzip, dass Konkurrenz hier das Geschäft nicht belebt, sondern untergräbt. Denn es ist die Konkurrenz im eigenen Haus. Die Gottesdienste, die ich in einer solchen Gemeinde feiern würde, stünden also zeitlich nie in Konkurrenz zur näheren Umgebung. Vielleicht würden sich durch die Gespräche mit den Menschen vor Ort auch neue Bedürfnisse formulieren. Vielleicht ein Gottesdienst am Sonntag um 19 Uhr, als Kraftquelle für die anstehende Woche. Auch hier liegt die Chance darin, dass bei einer vermeintlich nicht mehr lebendigen Gemeinde die alten Zöpfe schon längst abgeschnitten sind. Zumindest sollte die Frage, ob ein Gottesdienst um 9.30 Uhr oder 11 Uhr oder 17 Uhr stattfindet, nicht die wichtigste sein.

Ich glaube, dass die drei Jahre mehr als ausreichend wären, um an einem vermeintlich toten kirchlichen Ort neues Leben zu erwecken. Sie haben den Schlüssel meiner Idee sicher herausgelesen: Ich würde auf die Menschen zugehen, je persönlicher, desto besser. In meinem langen Pfarrerleben sind mir immer wieder Vorschläge begegnet, mit Briefen und Zetteln zu arbeiten. Eine richtige Zettelwirtschaft. Wer Beschwerden hatte, sollte sie aufschreiben und in einen eigenen Briefkasten werfen. Auch Lob natürlich. Wenn Neuwahlen eines Pfarreirats anstanden, sollten Zettel mit Vorschlägen eingeworfen werden. Und wenn irgendwo ein Streit schwelte, sollte ein Brief geschrieben werden. Ich will die dahinterstehenden Mühen und Überlegungen nicht abtun, da stecken viele gute Gedanken drin. Und manche Menschen tun sich auch leichter, etwas aufzuschreiben. Meine Erfahrung aber ist, dass die Aufrufe zur schriftlichen Beteiligung immer sehr schnell gescheitert sind. Einfach, weil niemand mitgemacht hat. Aber die persönliche Ansprache, das regelmäßige Angebot zum Gespräch, das hat nicht nur manchmal, sondern immer funktioniert. Als nach der Coronapandemie die stark gesunkenen Kirchenbesucherzahlen in vielen Gemeinden nicht mehr anstiegen, wurde das oft sehr läppisch als Pandemiefolge abgetan. Nach dem Motto: Das war jetzt höhere Gewalt, wir wissen auch nicht, was zu tun ist. Ich glaube einfach, dass der Gesprächsfaden abgerissen ist. Einen abgerissenen Gesprächsfaden wieder aufzunehmen, ist extrem mühevoll. Das weiß jeder, der sich einmal im Streit mit einem Verwandten oder Freund entzweit und dann nicht mehr miteinander gesprochen hat. Aber auch hier, beim abgerissenen Gesprächsfaden der zerstrittenen Menschen wie der Gemeinden gilt, dass die persönliche Ansprache die einzige Chance ist. Das wird nicht immer klappen, aber so oft, dass es die Mühe lohnt.

Ich bin überzeugt, dass mit solch einem Vorgehen der Erfolg eines Drei-Jahres-Plans auch messbar wird. Messbar in der Form, dass eine feste Anzahl an Menschen regelmäßig zu Veranstaltungen und Gottesdiensten kommt. Mein Ziel wäre immer, 100 regelmäßige Mitmacher zu erreichen. Und zu besonderen Anlässen wie Ostern oder Weihnachten natürlich gerne ein Mehrfaches.

Ich weiß, dass viele Priesterkollegen, aber auch viele Gemeindemitglieder die vollen Kirchen zu den Festtagen negativ gesehen haben. Da war der eigene Stammplatz in der Kirche weg. Aber vor allem wurde das Verhalten gerne auch als Rosinenpickerei angesehen. Ich hatte einen lutherischen Kollegen, der in einem Konfirmationsgottesdienst seine Predigt in der vollen Kirche regelrecht dazu missbraucht hat, sich über den geringen Gottesdienstbesuch auszulassen. Er rechnete vor: Wenn jedes registrierte Mitglied der Kirchengemeinde nur zweimal pro Jahr sonntags zur Kirche gehen würde, wäre die Kirche jedes Mal so voll wie zu diesem Konfirmationsgottesdienst. Aber was bringt diese Information außer der Erkenntnis über den Frust des Kollegen? Ich finde, volle Kirchen sind immer eine Freude, da sollte ich nicht darüber klagen, dass das so selten passiert.

Ich besuchte einmal einen Weihnachtsgottesdienst für Kinder, in dem ich den Menschen angemerkt hatte, dass sie selten in der Kirche sind. Sie kannten schlicht die einfachsten Abläufe und Verhaltensweisen nicht. Und dennoch spürte ich, wie sie immer ergriffener und berührter durch den Gottesdienst wurden. Und wie sie am Ende mit einer großen Freude nach Hause gingen. Ich dachte in dem Moment an ein Rolling-Stones-Konzert, das ich in den 1990er Jahren besucht hatte. Ich war ein einziges Mal bei den Rolling Stones. Aber es ist mir tatsächlich etwas Besonderes, ich trage dieses Konzert seitdem mit mir. Diese seltenen Kirchenbesucher kommen sogar deutlich öfter in die Kirche, als ich bei den Stones war. Vielleicht sollten wir anerkennen, dass sie das schöne Erleben des Gottesdienstes in sich tragen.

Was mir schließlich wichtig ist bei solch einem Plan für einen Neustart einer Gemeinde ist das Ausscheiden aus dieser Gemeinde. Was auf keinen Fall passieren darf, ist, dass ein Bischof von außen entscheidet, ob der Leiter oder die Leiterin bleiben darf oder nicht. So viel habe ich aus meiner eigenen Erfahrung gelernt. Und dennoch gehört das Abschiednehmen zu jedem Lebensweg dazu. Verhandelt und besprochen werden muss der richtige Zeitpunkt. Dies anzugehen wäre zumindest für eine katholische Gemeinde eine ungewöhnliche Aufgabe. Und dennoch würde ich es als hohe Kunst und wichtig ansehen, auch dazu in den drei Jahren ein demokratisches Prozedere mit den Ansprechpersonen vor Ort zu entwickeln.

Für mich würde es als Leiter einer solchen Gemeinde schlicht dazugehören, das Leben und meine Aufgabe vor Ort zu reflektieren. Wenn ich spüre, dass ich die Gemeinde nicht mehr lebendig weiterführen kann, wenn die Lebendigkeit stagniert, wenn es kein gutes Miteinander zwischen dem Hirten und den Schafen mehr gibt, dann müsste ich selbst den Platz räumen. In St. Stephanus wurde ich vom Bischof gezwungen. Zu dieser Selbstreflexion gehören geistliche Gespräche und die Bitte an Menschen von außerhalb, auf meine Arbeit und mein Leben zu blicken.

Ich finde, dass es zu den Aufgaben in den drei Jahren dazugehört, das Instrument einer demokratischen Wahl des Gemeindeleiters oder der Gemeindeleiterin zu entwickeln. Die Urkirche kannte solch ein Wahlverständnis nicht. Aber in einer Demokratie sollte es selbstverständlich sein, auch wenn eine Seelsorgerin oder ein Seelsorger nicht mit einer Politikerin oder einem Politiker zu vergleichen ist. Meine Vorstellung wäre, in einer geheimen Wahl über die Verlängerung der Amtszeit der Gemeindeleitung abstimmen zu lassen. Es geht nicht um die Auswahl mehrerer Kandidaten, sondern nur um die Verlängerung eines Vertrags. Die Wahlperiode wäre immer fünf Jahre plus eins. Das heißt, dass bei einer Wiederwahl der Vertrag um fünf Jahre verlängert wird. Wenn die Bestätigung aber ausbleibt und die Gemeindeleitung nicht die absolute Mehrheit bekommt, greift das „plus eins". Dann darf in einem Jahr des Übergangs der bisherige Pfarrer oder die bisherige Pfarrerin sich neu orientieren, und die Gemeinde kann sich jemand Neues suchen. Mit der Einführung dieses Instruments würde ich die drei Jahre ausklingen lassen.

17. Ein alter biblischer Impuls für eine moderne Gemeinde der Zukunft

Wenn ich an die Gemeinde der Zukunft denke, dann fällt mir das alte Paulinische Gemeindemodell ein, das wir im ersten Korintherbrief, Kapitel 12, Verse 12–31 finden. Es ist ein wunderbares Bild, ein ausgezeichnetes Gleichnis für das Leben in einer christlichen Gemeinde auch im Hier und Heute. Die Rede ist vom Leib mit den verschiedenartigen Gliedern. Menschen müssen in einer lebendigen Gemeinschaft harmonisch zusammenwirken, sonst gibt es nur Chaos und zerstörerischen Streit. Jeder muss seine Wesensart, seine Talente hervorbringen und diese in den Dienst der Allgemeinheit stellen. Deshalb sollten sich alle Gedanken zu sich selbst machen: Wer bin ich? Was macht mich aus? Was ist für mich notwendig? Womit kann ich der Gemeinschaft am meisten dienen?

Werfen wir einmal einen Blick auf das Auge. Es verwirklicht seine Eigenart dadurch, dass es nicht sich selbst sieht, dass es nicht auf sich selbst schaut, sondern den Leib und vieles andere erblickt. Oder schauen wir uns den Mund an. Er isst und trinkt nicht in erster Linie für sich selbst, sondern dient dem Aufbau des ganzen Leibes mit all seinen Gliedern. Das Wunderbare an dieser Haltung ist, dass für jedes Glied, indem es für das Ganze sorgt, selbst gesorgt wird. Das ist die Kraft und der Segen der Gemeinschaft. Dieser erstaunliche Zusammenklang ist heute vielerorts aus dem Blick geraten. Schade, das Leben könnte mit einer solchen Grundausrichtung leichter und erfüllter werden. Die Schlussfolgerung daraus ist: Würde sich eines der Glieder vom Ganzen trennen oder isolieren wollen, um nur noch für sich selbst da zu sein, dann würde es seine Bestimmung verlieren und käme nicht zu sich selbst.

Das bedeutet, dieses Glied hätte sein eigenes Selbst verloren, sein eigenes Ich und damit sein Leben. Wie kann man leben mit einem verlorenen Ich? Du lebst, aber du lebst nicht mehr dich selbst. Und damit lebst du eigentlich nicht mehr. Ähnlich ist es, wenn ein Glied seine eigene Aufgabe nicht ausüben wollte, sondern sich einfach anpassen oder sich mit anderen Gliedern gleichschalten würde nach dem Motto: Ich tue, was man tut, was so üblich ist, was alle tun. Auch dieses Glied würde sich selbst verlieren und nicht mehr zum Aufbau der Gemeinschaft beitragen. Wie schade.

Wenn Paulus nun sagt: „Ihr seid der Leib Christi“, dann bedeutet das: Weil Christus nicht mehr leibhaftig unter uns ist, ruft er uns in seine Nachfolge, dass wir in seinen Spuren leben und handeln. Wir sollen sozusagen an seiner Stelle leben. Wir sollen sein Auge, sein Herz, seine Füße, seine Hände, seine Stimme sein.

Das wäre eine prophetische Gemeinschaft, eine prophetische Kirche. „Pro-phari“, das heißt übersetzt: anstelle eines anderen sprechen. Indem Jesus die Menschen in seine Nachfolge ruft, sagt er ihnen gleichzeitig: Sprecht und handelt so wie ich, dann wird das „anstelle“ wirksam und lebendig.

Wie können wir herausfinden, wie Jesus das konkret meint? Meine Antwort lautet: Lies in der Heiligen Schrift, lies die Worte der Bergpredigt, besonders Mt 5,3–12, die Seligpreisungen. Lass dir diese Worte gegebenenfalls erklären, mach dir danach aber auf jeden Fall auch dein eigenes Bild. Führe die Worte Jesu dann an dein Herz, mach sie dir zu eigen und erfreue dich an ihnen. Dann geh los, zieh zu den Menschen und verkünde ihnen das Leben, wie Jesus es uns vorgelebt hast.

Was für eine wunderbare Aufgabe. Aber auch: Was für ein Vertrauen, das Jesus in uns gelegt hat. „Lebe das vom Evangelium, was du verstanden hast, und ist es noch so wenig, aber lebe es!“ – so sagte es einmal Frère Roger aus Taizé.

Seit vielen Jahren wohne ich in der Stadt Münster, und immer wieder bin ich mit Schülerinnen und Schülern, mit Firmlingen, aber auch mit Erwachsenen zur Ludgeri-Kirche gegangen. Im

September 1944 wurde diese Kirche durch Bomben schwer beschädigt. Ein Bombensplitter traf auch das Kreuz in der Kirche. Seitdem hat der Gekreuzigte keine Arme mehr. An der Stelle des Querbalkens, wo vor dem Bombenangriff noch die Arme Jesu waren, befinden sich heute folgende Worte: „Ich habe keine anderen Hände als die euren.“ Welch ein tiefes Wort. Welch eine große Bitte und welch ein Auftrag. Der Gekreuzigte bittet uns, dass wir uns hineinnehmen lassen in die Verkündigung seiner Liebesbotschaft, und er beauftragt uns, diese glaubwürdig umzusetzen, sodass Glaube, Hoffnung und Liebe durch uns erfahrbar und wirksam werden. Wie kann das gelingen? Entscheidend ist, so meine ich, dass wir uns immer wieder neu bewusst machen: Der Geist Jesu Christi ist in uns, er wirkt durch uns, und wenn wir das zulassen können, dann entstehen segensreiche Lebenserfahrungen, nicht nur für den Einzelnen, sondern auch für die Gemeinschaft. Ein Lied von Johannes Leue und Kai Koch, das mich schon seit Jahren begleitet und stärkt, bringt es so zum Ausdruck:

„Dein Geist, Gott, spricht oft leise, dass man ihn kaum vernimmt.
Dein Geist, Gott, ist so weise, dass Wahrheit nicht verschwimmt.
Und fragen wir, dein Geist klärt uns auf.
Und schlafen wir, dein Geist weckt uns auf, dein Geist weckt uns auf,
zu dir hinauf, zu dir, zu dir hinauf.

Dein Geist, Gott, ist die Quelle, die unsern Durst hier stillt.
Dein Geist, Gott, ist die Welle, die trägt und um uns schwillt.
Verkümmern wir, dein Geist zieht uns auf.
Und sinken wir, dein Geist hilft uns auf, dein Geist hilft uns auf,
zu dir hinauf, zu dir, zu dir hinauf.

Dein Geist, Gott, ist der Ansturm, der alles beugt und treibt.
Dein Geist, Gott, ist der Leuchtturm, im Dunkel, der uns bleibt.
Verzagen wir, dein Geist richtet auf.

Und sterben wir, dein Geist nimmt uns auf, dein Geist nimmt uns auf,
zu dir hinauf, zu dir, zu dir hinauf.

Dein Geist, Gott, ist das Lachen, das froh in uns entspringt.
Dein Geist kann glücklich machen, dass alles in uns singt.
Und loben wir, dein Geist leuchtet auf.
Und leben wir, dein Geist führt den Lauf, dein Geist führt den Lauf,
zu dir hinauf, zu dir, zu dir hinauf."

Immer wieder um diesen Geist bitten, immer wieder ihn empfangen, vielleicht singend, und dann aus IHM leben – das ist und bleibt wesentlich für eine christliche Gemeinde.

18. Was Lydia für Paulus tat, war eigentlich doch ein Priesterinnendienst

Ich bin als Priester auch im Urlaub gerne in die Kirche gegangen, in Zivil. Meistens in einen katholischen Gottesdienst. Da arbeitete ich nicht, da konnte ich einfach sein. Und manchmal musste ich schmunzeln: Die Orgel setzte ein – eine Frau spielte. Die Lesung begann – eine Lektorin las. Und auch am Altar stand eine Frau. Ob Gemeindereferentin, Pastoralreferentin oder, wie in manchen Gemeinden immer üblicher, eine Gottesdienstbeauftragte. Das volle Programm des Gottesdienstes lag exklusiv in Frauenhänden – und wenn es ein Gottesdienst mit Kommunionausteilung war, wurden quasi sämtliche Wünsche der Gläubigen erfüllt, da immer Frauen aktiv waren. Ich finde das toll. Ein Protestant würde sagen: Ich finde das selbstverständlich. Aber in der katholischen Kirche triggert das Thema. Natürlich war ich als Priester in meinen Gemeinden oft von Frauen umgeben. Sie tragen viele Strukturen der Gemeinden, sind von der Zahl der Gottesdienstbesucher oder Ehrenamtlichen her überrepräsentiert. Das ist unzählige Male erzählt worden.

Frauen sind die kräftigeren Stützen der katholischen Kirche. Doch inzwischen wanken diese Stützen. Nicht, weil die Frauen schwächeln. Sondern weil sie ihre berechtigten Wünsche nach mehr Anerkennung, Mitsprache, Partizipation nachdrücklicher formulieren und durchzusetzen versuchen. Heute frage ich mich manches Mal, warum sie ihre Kritik nicht schon viel früher vehementer vorgebracht haben.

Ich will ehrlich sein, ich habe diese Trennung der Frau vom Weiheamt auch einen Großteil meiner Berufslaufbahn nicht angezweifelt oder als Thema gesehen. Das lag vielleicht einfach an der Betriebsblindheit: Bist du einmal drin in so einem System, dann nimmst du es, wie es ist. Ich will nichts beschönigen oder rechtfertigen, sondern nur zu erklären versuchen. Das fängt mit der Ausbildung im Priesterseminar an, in der du von Männern fast schon exklusiv umgeben bist. Das tut nicht gut, das ist kein guter Weg. Ich war zum Studium nach Freiburg gegangen und konnte mich auf diese Weise diesem „Männerklüngel" entziehen. Tatsächlich war diese Phase auch die des Rüttelns an der Frage nach einem zölibatären Leben. Ich hätte in Freiburg Kirchenmusiker und Pastoralreferent werden können, das hätte mir die Möglichkeit offengehalten, eine Familie zu gründen. Darüber habe ich damals intensiv nachgedacht, und natürlich könnte sich heute die Frage stellen, wie mein Leben mit diesem anderen Weg verlaufen wäre. Ich habe mich aber bewusst für das klassische Priesteramt entschieden und bin dann viele Jahre unkritisch in diesem Trott unterwegs gewesen, in dem das Weiheamt ausschließlich Männersache ist. Vielleicht lag das Unkritische auch daran, dass alles in meinem eigenen Umfeld so harmonisch und aufeinander abgestimmt geklappt hat. Insbesondere an der Schule hatte ich viel mit Kolleginnen zu tun und denke, wir haben einfach ein kollegiales Miteinander auf Augenhöhe gelebt.

Obwohl ich keine Vorkämpferrolle für mehr weibliche Mitbestimmung für mich reklamieren kann, haben mich auf der biblischen Seite die Frauen der Urkirche fasziniert. Allen voran Lydia. Wir kennen sie aus der Apostelgeschichte. Lydia scheint nach heutigem Maßstab eine sehr taffe Frau gewesen zu sein, die sich hochgearbeitet hatte und in den Anfängen des Christentums Herrin über ein eigenes Haus war, inklusive ihrer Angestellten. Paulus und Silas kamen zu ihr ins Haus. Lydia hört die Geschichte von Jesus durch Paulus, ist begeistert und lässt sich mitsamt ihres Hausstandes taufen. Nach dem griechischen Text scheint Paulus von der Idee anfangs gar nicht so angetan gewesen zu sein, es muss ziemlich hoch hergegangen sein. Aber so wurde die auf europäischem Boden lebende Lydia am Ende doch die erste Christin Europas.

Und nicht nur das. Sie stellte ihr Haus zur Verfügung, wodurch die gerade entstehende urchristliche Gemeinde in Philippi einen Treffpunkt und Versammlungsort hatte. Lydia war also nicht nur die erste Getaufte Europas, sie hat auch ganz entscheidend dazu beigetragen, dem früheren Christentum einen Ort zu geben. Ein weiterer Aspekt: Paulus und Silas waren zwischenzeitlich verhaftet. Nach ihrer Freilassung kehrten sie als Erstes in das Haus Lydias ein, die der Gemeinde vorstand. Ich finde, die Geschichte der Lydia begegnet uns viel zu selten in den Gottesdiensten. Aber es steckt doch alles darin, um dieses Sichherumwinden der Päpste und des Vatikans um eine Zustimmung für ein Weiheamt für Frauen als absurd abzutun.

Oder denken Sie an Phoebe, die uns im Römerbrief begegnet. Sie war im Hafen von Korinth Gemeindevorsteherin, half Paulus bei seiner Missionsarbeit, predigte, betrieb Seelsorge, spendete die Kommunion und führte wohl auch Beichtgespräche. Sie wurde Diakonin genannt. Nach meinem Verständnis war sie sogar praktisch Priesterin – jedenfalls hatte sie eine einflussreiche Rolle.

Ein weiterer Hinweis für den hohen Stellenwert der Frau in der Urkirche ist die Grußliste im Römerbrief, wo nahezu eine Parität der Geschlechter herrscht. Das könnte man abzutun versuchen nach dem Motto: Was ist denn schon eine Grußliste. Aber tatsächlich kennen wir es doch bis in unsere Zeit, dass in großen Reden zuerst die Wichtigsten gegrüßt werden – in der Urkirche waren das viele Frauen. Dass Phoebe und Lydia heute nicht als erste Priesterinnen gezählt werden, hat nach meinem Verständnis jedenfalls keine religiösen Gründe. In der frühen Kirche kannte man kein Bewusstsein à la: Frauen dürfen das nicht.

Das war auch bei Junia nicht der Fall, deren Bedeutung im Römerbrief des Paulus präzise beschrieben ist. „Grüßt Andronikus und Junia, meine Landsleute und Mitgefangenen; sie sind angesehen unter den Aposteln und schon vor mir in Christus gewesen." Lange Zeit wurde Junia in vielen Bibelübersetzungen als männlich interpretiert und in den Übersetzungen als „Junius" umgewandelt, ein Name, der historisch nicht belegt ist. In den letzten Jahrzehnten hat die Forschung jedoch weitgehend anerkannt, dass Junia eine Frau war. Zahlreiche Belege deuten darauf hin, dass Junia ein geläufiger weiblicher Name im antiken Rom war, während Junius als männlicher Name in den alten Texten nicht vorkommt. Darüber hinaus haben Kirchenväter wie Johannes Chrysostomos Junia ausdrücklich als Frau bezeichnet und ihre Rolle als angesehene Apostolin hervorgehoben. Die Bezeichnung „angesehen unter den Aposteln" weist darauf hin, dass Junia nicht nur eine frühe Christin, sondern auch eine herausragende Führungsperson in der Kirche war. Der Begriff „Apostel" deutet auf jemanden hin, der eine besondere Sendung oder Mission hatte, und Junia wurde in einer Liste von Menschen genannt, die Paulus grüßt und besonders hervorhebt.

Die Anerkennung Junias als Apostolin hat erhebliche Implikationen für das Verständnis der Rolle von Frauen in der frühen Kirche und in der Theologie. Sie zeigt, dass Frauen in den höchsten Ämtern der Kirche tätig waren und in der Missionstätigkeit eine wichtige Rolle spielten. Dies widerspricht der späteren kirchlichen Praxis, Frauen von solchen Ämtern auszuschließen. Könnte nicht auch die Wiederentdeckung Junias als Frau und Apostolin dazu beitragen, das Verständnis der Rolle von Frauen in der Geschichte des Christentums zu bereichern und zu korrigieren?

Das Zurückdrängen der Frauen von den leitenden Positionen kam jedenfalls erst, als das Christentum römische Staatsreligion wurde. Es war eine politische Entscheidung aus Rom – keine Entscheidung, die irgendetwas mit dem religiösen Leben der ersten Christen zu tun hatte.

Mir ist völlig bewusst, dass zur Begründung des Ausschlusses der Frauen vom Weiheamt viele von zahlreichen Gedanken durchzogene Texte vorliegen. Wer also will, dass es so bleibt, wird alle Forderungen einfach mit einem riesigen Fundus an Textstellen aus der theologischen Literatur wegdiskutieren. Insbesondere Joseph Ratzinger hatte hier viel beizutragen. Papst Franziskus sagt nur knapp „No“ zum Weiheamt für Frauen, zuletzt in einem Interview mit dem US-Fernsehsender CBS im Frühjahr 2024. Aber dass dieses kategorische Nein nicht funktioniert, sagen ja heute nicht nur Kirchenrevolutionäre. Selbst achtzig Prozent der deutschen Bischöfe haben im Synodalen Weg für eine Weihe von Frauen zu Diakoninnen gestimmt. Es wird niemand behaupten, dass diesen Bischöfen das nötige theologische Bildungsniveau fehlt, um die Gründe der Päpste für ein Nein nicht zu verstehen. An dieser Stelle wird deutlich, dass es sich um ein Produkt der hierarchischen Struktur der Kirche handelt. Obwohl eine deutliche Mehrheit – selbst der katholischen Bischöfe – mehr Gleichberechtigung für die Frauen im Hinblick auf ein Weiheamt fordert, ist das Veto aus Rom alleinentscheidend. Wo bleibt da der Ansatz einer synodalen Kirche? Warum darf die deutsche Kirche nicht neue Wege gehen? Wer hört auf das Gottesvolk und sein Charisma?

Neben dem Verlust der Nähe in den Gemeindestrukturen ist die Frauenfrage für mich der stärkste Impuls zu sagen, dass wir eine neue Urkirche brauchen. Und meine alltägliche persönliche Erfahrung sagt mir, dass es, wenn wir die jetzigen, hierarchischen Kirchenstrukturen beibehalten, immer beim Vertrösten und Hinhalten der Frauen bleiben wird. Die katholische Kirche ist ein Macho. Da wird gelobt, wie wichtig doch die Frauen sind. „Unverzichtbar! Bereichernd! Herz und gute Seele!“ So lauten die Formulierungen. Und zwar in der kleinen Gemeinde ebenso wie im großen Vatikan. Das Lob ist vermutlich sogar ehrlich gemeint. Die logische Folge einer Gleichberechtigung auch in den Ämtern wird trotzdem verweigert. Das meine ich mit machohaft – so geht man nicht miteinander um, wenn man ehrlich einander zugewandt ist.

Ich habe mit großer Sympathie das Aufstehen der Initiative Maria 2.0 verfolgt. Die Frauen dort haben genau die richtigen Punkte genannt und genau die nötige Frische in die Debatte gebracht. In einer Auseinandersetzung, die davor seit vielen Jahren eher unbeachtet lief, waren sie unmissverständlich. Bis dahin war bei den Frauen immer so ein grummelnder Grundton zu vernehmen, da hat man sich mal beschwert und dort „Das kann ja wohl nicht wahr sein“ gesagt. Und das war es dann auch. Aber Maria 2.0 hat sehr genau und nachdrücklich gesagt, was nötig ist. Und in aller Konsequenz dann auch mit vielen, vielen kreativen Protestaktionen weitergemacht.

Ich erinnere an Lisa Kötter, die Mitbegründerin von Maria 2.0, die 2021 aus der Kirche ausgetreten ist. Sie störte die römische Hierarchie, die sich immer selbst schützt. Sie forderte mehr das Jesuanische. Ich kann ihre Aussagen völlig teilen.

In Nieder-Olm in Rheinland-Pfalz haben die Frauen von Maria 2.0 dieses Jahr eine eigene Gemeinde gegründet. Für sie ergebe es keinen Sinn mehr, sich an den Bischöfen und der Kirche abzuarbeiten, haben sie erklärt. Ich kenne die Frauen dort nicht, ich habe nur von ihrem Vorgehen in den Medien gelesen. Aber ich bin zu hundert Prozent bei ihnen. Die Antworten liegen so klar auf der Hand, das Verzögern und Wegquatschen der berechtigten Interessen der Frauen ist so verletzend. Da ist es doch ein wunderbar konsequenter Schritt, wenn diese Frauen sagen, wir machen unser Ding alleine. Eine urkirchliche Gemeinde sogar. Ich finde das vorbildlich.

Es gibt sogar einen für das Tempo der katholischen Kirche sehr großen Fortschritt beim Thema Frauen. Womöglich haben Sie davon noch nichts mitbekommen, weil es nicht flächendeckend umgesetzt wurde. Außerdem spottet es jeder Beschreibung, wie dieser Fortschritt zustande gekommen ist. In manchen Bistümern dürfen nämlich Frauen jetzt taufen. Das Bistum Essen hat angefangen. Auch das Bistum Rottenburg-Stuttgart ist dabei. Möglich gewesen wäre die Taufe durch Frauen kirchenrechtlich schon lange. Der Bischof muss dazu aber die Erlaubnis ausstellen. Die meisten Bischöfe tun das aber bislang noch nicht. Der Grund, weshalb in den Bistümern Frauen taufen dürfen, ist aber nicht die helle Überzeugung. Es ist schlicht der Mangel an Priestern, als dessen Folge nicht mehr genügend Geistliche für Taufen zur Verfügung stehen. Nun sind also Frauen wieder gefragt mitzuhelfen, um einen Mangel an Priestern auszubügeln.

Ich kann allen, die sich mit der Zukunft des gelebten Glaubens befassen, nur empfehlen, ausschließlich in den Kategorien vollständiger und bedingungsloser Gleichberechtigung zu denken. Natürlich können Frauen und Männer alle Aufgaben übernehmen. Die Talente entscheiden sich nur nach den individuellen Fähigkeiten, nicht nach dem Geschlecht. Der hoch angesehene Kirchenhistoriker Hubert Wolf schrieb 2015 in einem Artikel, dass die Vergangenheit „einen riesigen Schatz an Ideen für zukünftige Reformen" bereithalte, „an deren Katholizität kein Zweifel bestehen kann". In dem Artikel mit der Überschrift „Frau Kardinal und die Macht der Geschichte" ging es um die vielfach dokumentierte Macht von Äbtissinnen, die Priester eingesetzt haben, die Beichte abnahmen, Kirchengericht hielten und viele andere Aufgaben wahrnahmen, die wir heute exklusiv bei männlichen Bischöfen oder Priestern sehen. Da war also in der Kirchengeschichte schon viel mehr möglich, als heute erlaubt wird. Zeigt das nicht die Willkür des Klerus? Erst das Zweite Vatikanische Konzil änderte außerdem das Kirchenrecht so, dass nur noch Männer Kardinal werden können. Vorher galt über Jahrhunderte, dass auch Menschen ohne Weihe Priester oder Bischof oder Kardinal werden konnten. Also im Grunde auch Frauen. Warum sollte das nicht wieder möglich werden?

Da landen wir aber bei einem Grundphänomen oder -problem der katholischen Kirche. Ohne Veränderungsdruck, ohne ernsthafte Auseinandersetzungen mit den Männern in der Obrigkeit wird sich gar nichts ändern. Auch in der evangelischen Kirche war es keine Selbstverständlichkeit, dass es Pfarrerinnen gibt. Erst im vergangenen Jahrhundert und damit lange, lange nach Martin Luther wurde das üblich. Dass Pfarrerinnen verheiratet sein dürfen, ist innerhalb der evangelischen Kirche in Deutschland erst seit 1974 erlaubt. Das alles ist zum Glück so schnell selbstverständlich geworden, dass beim Blick auf die evangelische Kirche das Gefühl herrscht, dort gebe es schon immer Gleichberechtigung. Nein, auch die Protestantinnen haben dafür kämpfen müssen.

Ich als Mann und ehemaliger Teil des Männersystems bin nicht in der Position, Ratschläge zu geben. Aber ich denke an die ganze Energie, die in die Diskussionen um die Rolle der Frau fließt, und den ganzen unnötigen Streit, der damit verbunden ist. Und dann denke ich wieder an die biblische Lydia. Paulus kommt gerade aus dem Gefängnis, und sein erster Weg führt ihn zu ihrem Haus. Sie bietet ihm nicht nur Obdach, sie ist die Gemeindeleiterin. Vermutlich hat Lydia kräftig Eindruck bei Paulus hinterlassen, sonst hätte er sie nicht in einem seiner Briefe erwähnt. Später schreibt er im Brief an die Galater: „Es gibt nicht mehr Juden und Griechen, nicht Sklaven und Freie, nicht Mann und Frau, denn ihr seid alle eins in Christus Jesus.“ Wenn ein Satz in der Bibel zur vollen Gleichberechtigung aufruft, dann ja wohl dieser. Nur geschenkt wird sie eben nicht.

19. Baut die neue Urkirche – aber wie jetzt konkret

Kann ein entpflichteter Priester eigentlich noch Gottesdienst feiern? Vielleicht fragen Sie sich das schon die ganze Zeit. Noch einmal kurz zurück zu den Geschehnissen: Ich habe aus einer reiflich überlegten Entscheidung mein Amt zurückgegeben, weil ich in diesen Strukturen der katholischen Kirche nicht mehr leben und arbeiten konnte. Priester bin und bleibe ich aufgrund des Weihesakraments mein ganzes Leben lang. Der Bischof von Münster hat diese Entscheidung angenommen und mich daraufhin von der Ausübung des Priesteramts entpflichtet, insbesondere von der Spendung der Sakramente – ausgenommen im Notfall.

Wenn ich heute einen Gottesdienst feiere, mache ich das also als Thomas Laufmöller. Das ist kein ketzerischer Akt. Sie werden das vielleicht selbst erlebt haben und sicher kennen, dass auch Laien Wortgottesdienste feiern. Das dürfen Sie, das darf ich. Von den Sakramenten her darf der Priester exklusiv die Eucharistie feiern, das Bußsakrament und die Krankensalbung spenden. Nottaufen dürfen auch Laien ausführen, das Ehesakrament spenden sich die Eheleute selbst, die Weihe des Firmlings spendet ebenso wie die von Geistlichen der Bischof.

Sie sehen, in den religiösen Riten ist weiter Platz für einen Thomas Laufmöller. Aus der katholischen Kirche bin ich nicht ausgetreten. Aber es ist vor allem auch Platz für Sie, wo auch immer Sie als glaubender Mensch unterwegs sind oder sich einbringen möchten. In der großen Kirchengemeinde – oder im kleinen Freundeskreis. Sie können und sollten die Dinge selbst in die Hand nehmen und mutig das fordern und mit einbringen, was Ihnen wichtig ist. Ich hoffe, dass ist Ihnen nach der Skizze meines Lebens und meiner Erfahrungen in den vorangegangenen Kapiteln deutlich geworden. Aber Sie müssen das natürlich nicht im einsamen privaten Rahmen tun, sondern können weiter in kirchlichen oder gemeinschaftlichen Strukturen denken und handeln.

Mir ist wichtig, zum Ende dieses Buchs noch einmal einen Überblick des Status quo zu geben, wie ich ihn auf Grundlage meiner jahrzehntelangen Erfahrung in katholischer Kirche sehe. „Aufruhr. Warum wir eine neue Urkirche brauchen" lautet der Titel dieses Buchs. Der Aufruhr wird auch für die kommenden Jahrzehnte nicht abklingen, glaube ich. Da ist dieser starke Widerspruch zwischen einem immer konservativer werdenden Klerus und einem liberalen Kirchenvolk. Das führt zu Reibung. Proteste, wie sie es etwa bei meiner Abberufung aus St. Stephanus gegeben hat, wie sie aber auch die progressiven Frauen von Maria 2.0 die Gruppen von Missbrauchsopfern auf die Beine gestellt haben, sind die sichtbaren Formen solch eines Aufruhrs. Sie sind aber die Ausnahme, keine dauerhaften Massenbewegungen.

Warum entstehen keine großen Bewegungen? Denken Sie einfach noch einmal an das Bild der Zähmung aus *Der kleine Prinz*, das ich am Anfang dieses Buchs entworfen hatte. Viele Menschen sind in ihrer Kirchentreue gezähmt, weil sie immer wieder einen Gottesdienst besuchten, weil es ihre Seele positiv berührt hat. Doch dann schlägt eine große negative Kirchennachricht durch – der Papst torpediert den Synodalen Weg, ein Bistum versagt bei der Aufarbeitung von Missbrauchsfällen, ob katholisch oder evangelisch. Da entsteht bei Menschen ein innerer Aufruhr. Sie werden wütend, sie spüren vielleicht Hilflosigkeit, weil sie nichts ändern können. Viele Menschen gehen aber nicht auf die Straße. Sie treten in solchen Momenten aus den Kirchen aus. Das ist eine Form des „stillen, verzweifelten" Aufruhrs, der sich jedes Jahr bei der Veröffentlichung der Kirchenstatistik zeigt.

Bei diesen Gedanken zum Wesen des Aufruhrs lande ich bei Teil zwei des Buchtitels: „Warum wir eine neue Urkirche brauchen". Diese Idee von Urkirche ist keine verklärende Sicht auf eine bessere Vergangenheit. Es ist die Idee, alles wegzuräumen, was sich an Negativität aufgebaut hat. Was an Strukturen entstanden ist, die an der klaren Botschaft der Liebe Gottes vorbeigehen. Einfach wieder sein wie zur Zeit der Urkirche, das ist die Idee. Offen, voller Neugierde, vor allem voller Toleranz, Diskussionsfreude, Aufgeschlossen- und Verschiedenheit und eine lebendige, strahlende Vielfältigkeit. Eben eine Vielfalt im Glauben, wozu Konservative wie Liberale gehören. Menschen voll Tatendrang und Menschen, die mitgenommen werden wollen oder eine Stütze brauchen.

Aber nun konkret. Ich gehe zuerst von meiner Situation aus, denn die lässt sich auch allgemein anwenden. Bereits kurz nach meinem Ausscheiden aus dem Priesterdienst kam der Advent und damit auch die Sehnsucht, zu Weihnachten mit anderen einen spirituellen Impuls zu erleben. Den Wunsch teilten einige Menschen mit mir, mein Netzwerk. Das offene Miteinanderreden und Überlegen eröffnete uns schnell ein paar Optionen. In einem Unternehmen gab es einen großen Saal, der eigentlich für Konferenzen genutzt wird, aber frei war. Dass wir diesen Raum zur Verfügung gestellt bekamen, war ein Durchbruch für das erste Projekt, in größerer Gemeinschaft unkompliziert den Glauben zu teilen. Uns war klar, dass wir auf Anhieb mehr als hundert Menschen sein würden – wozu es auch gekommen ist –, und da brauchten wir einen ausreichend großen Raum. Aber wenn Sie sich im kleineren Kreis treffen, um gemeinsam Gottesdienst zu feiern, finden sich sicher auch im Privaten gute Lösungen. Irgendjemand wird dabei sein, der zu sich nach Hause einlädt – so, wie es in der Urkirche ja auch über Jahre gelebte Praxis war. Die ersten Christen haben nicht in Kirchen Gottesdienst gefeiert, sondern in ihren Häusern.

Vermutlich haben sie auch draußen Gottesdienst gefeiert. Ich weiß von einigen Münsteraner Familien, dass sie sich während der Coronazeit regelmäßig in den verschiedenen Gärten getroffen haben, um ihre selbst gestalteten Gottesdienste zu feiern. Bis heute haben sie diese Treffen, die mittlerweile schon zu einer Tradition geworden sind, beibehalten – Urkirche pur! Ebenfalls in diesen Coronazeiten, als der Zutritt zu Kirchen so streng reglementiert wurde und viele sich über die Unzumutbarkeit der Situation beschwerten, musste ich oft an meine frühere Kaplanstelle in St. Agatha Mettingen denken. Dort tobten während der Reformation schwere Kämpfe, die Katholiken verloren ihre Kirche an die Protestanten. Zu einem großen Teil blieben die Katholiken aber ihrem Glauben treu und feierten in der Folge über Jahre draußen auf Feldern ihre Gottesdienste – zu allen Jahreszeiten. Ein Bild davon hängt in der Agatha-Pfarrkirche, und mich beeindruckte das jedes Mal aufs Neue. Kurzum: Wo ein Wille ist, ist auch ein Ort. Du brauchst einen Ort, an dem man sich versammelt, um Gott zu loben.

Habe ich einen Ort, dann geht es um dessen Gestaltung. Dazu braucht es nicht viel. Ich habe mich in der Kirche in Taizé immer unheimlich wohl gefühlt. Ein aus flexibel aufstellbaren Steinen gestalteter Altarbereich, ein Kreuz, eingängige und tief berührende Gesänge, wenige Bilder, viele Kerzen und sehr spartanische Sitzmöglichkeiten. Diese Schlichtheit kennen zehntausende Taizé-Fahrer. Ich habe noch von keinem gehört, dass die Schlichtheit abstößt. Im Gegenteil, das hilft, den Kopf von Ablenkung freizuhalten.

Kreuz, Kerzen, spirituelle Impulse, die verständlich sind und Lebenskraft schenken, Musik und Gesang, Sitzgelegenheiten – mehr braucht der äußere Rahmen nicht. Die Energie sollte vielmehr in die innere Gestaltung fließen. Ich weiß, dass im Internet und in Büchern sehr viele gestaltete Gottesdienste zu finden sind. Die sind auch gut, es gibt dort wunderbare Gebete und Erzählungen. Und manchmal ist ein spontaner, quasi aus der Hand geschüttelter Gottesdienst auch genau das Richtige für eine Gruppe. Langfristig lässt sich Tiefe aber nur durch gute Vorbereitung erzeugen. Was bewegt uns gerade? Das ist eine wichtige Frage. Wobei mit „uns" unsere Gemeinschaft vor Ort gemeint ist, nicht eine abstrakte Gegenwartsgesellschaft. Das sind Fragen, die fertige Abläufe aus dem Internet oder einem Buch nicht beantworten können. Dafür ist mehr Anstrengung nötig.

Ich finde, die Poesie der Bibel kommt oft am besten zum Tragen, wenn ich die alten Texte mit zeitgenössischen, modernen Texten verbinden kann. Dafür muss ich lesen oder mich mit anderen austauschen. Nachdem das mit dem Raum und seiner Gestaltung in den Überlegungen vergleichsweise einfach ging, befinden wir uns an dieser Stelle im Bereich echter Arbeit. Das lässt sich nicht improvisieren. Wenn Sie das Projekt einer neuen, modernen Kirche aufnehmen und damit auch Menschen begeistern wollen, werden Sie an dieser Arbeit nicht vorbeikommen.

Nehmen Sie als weiteres Thema die Musik. Sie ist ein absolut wichtiges und entscheidendes Element. Ich bin mir sicher, es wird sich jemand finden, der mit Klavier, Gitarre oder Orgel den gemeinsamen Gesang begleiten kann. Das wäre wichtig. Ein schöner Gesang ist ein sehr vertiefender Beitrag zur gelungenen Gottesdienstfeier und Liturgie. Auch hier muss man Gedanken und Arbeit investieren. Alleine schon für die Liederauswahl, die am besten immer eine Mischung aus bekannten und neu zu erlernenden, modernen Liedern ist. Vielleicht ist es möglich, einen Projektchor zu starten. Meiner Erfahrung nach finden sich immer Menschen, die gerne singen, erfahrene Chorsängerinnen und Chorsänger oder neugierige Anfänger.

Dazu stellt sich die Frage: Wie oft will und vor allem kann ich solch ein Gottesdienstangebot machen? Nur zu hohen Festen, also zu Weihnachten, Ostern und Pfingsten, wäre zu wenig. Einmal die Woche vielleicht zu viel. Aber mindestens einmal im Monat sollte dieses Gottesdienstangebot mit einem Agapemahl als fester Termin angeboten werden. Denken Sie immer daran, dass fehlende Nähe ein ganz entscheidender Grund ist, weshalb viele Kirchengemeinden an Attraktivität verlieren. Da wäre es meiner Meinung nach ein fataler Fehler, unverbindlich, ohne Nähe zu versuchen, eine alternative Glaubensgemeinschaft aufzubauen. Sie brauchen Regelmäßigkeit und feste Termine, einfach weil der Mensch ohne feste Abläufe nicht auskommt. Dafür sollten Sie aber undogmatisch in bestimmten Fragen sein, zum Beispiel, zu welchen Zeiten etwas stattfindet. Es muss ja nicht der Sonntagvormittag sein. Es kann ein Sonntagabend sein oder auch ein Donnerstag – das sind die Detailfragen. Sie lösen sie am besten, wenn möglichst viele mit der Lösung zufrieden sind.

All diese Überlegungen, die ich gerade angestellt habe, richten sich natürlich an Menschen, die sich definitiv für einen Glauben jenseits oder neben der bestehenden Kirchenstruktur entscheiden. Geht es allein nach der Menge der Kirchenaustritte, liegt die Zahl dieser christlich getauften Menschen in einem hohen Millionenbereich. Im 21. Jahrhundert sind deutlich über acht Millionen Menschen aus den beiden großen Kirchen in Deutschland ausgetreten. Das sind fast so viele Menschen, wie in Österreich leben. Ich glaube nicht, dass alle von ihnen ohne christlichen Glauben sind. Hinzu kommen all die Menschen, die noch in den Kirchen sind, sich dort aber – aus welchen Gründen auch immer – nicht mehr blicken lassen. Deren Zahl macht ein Mehrfaches der Ausgetretenen aus. Auch hier gilt: Ich glaube nicht, dass sie ohne Glauben sind. Und es kommen die vielen Menschen dazu, die immer noch in ihren Gemeinden zu Hause und präsent sind, die aber merken, dass es nicht vorangeht. Es gibt also unzählige Adressaten, um etwas Neues aufzubauen. Und es gibt ganz viele Menschen, die das nötige theologische Rüstzeug haben, so etwas auch zu tun. Niemand muss das Rad neu erfinden – es gibt viele Religionslehrerinnen und Religionslehrer, ehemalige Priester, langjährige Ehrenamtliche, die ganz viel Kenntnis in Spiritualität und Glaubensleben haben. Was es braucht ist die Initiative, sich zu verbinden.

Aber wenn rein rechnerisch so viel Potenzial da ist, wie kann ich es dann bergen? Ich finde es am einfachsten, im eigenen privaten Umfeld anzufangen. Wenn Sie das Bedürfnis haben, sich über den Glauben auszutauschen, sprechen Sie mit Freunden und Bekannten darüber. Ich bin sicher, es finden sich Anknüpfungspunkte und Mitstreiter, um den Glauben jenseits der bestehenden Strukturen zu leben. Man darf sich nur nicht Bange machen lassen. Wenn ich etwas ganz Neues aufbaue, schließen sich hunderte Fragen an.

Wie mache ich es mit dem Geld? Was brauche ich für eine Struktur? Verein oder Firma? Brauche ich überhaupt eine Struktur? Wer könnte hauptamtlich arbeiten? Wie finanziere ich ihn oder sie? Wer sagt, wo es langgeht?

Jede Gruppe muss jede einzelne Frage für sich entscheiden. Die Fragen werden an den verschiedenen Orten auch anders beantwortet werden, weil die äußeren Bedingungen anders sind. Urkirche war überhaupt nicht homogen. Urkirche war heterogen. Jeder Standort hatte seine Stärken, aber auch seine eigenen Probleme. Ich finde, grundsätzlich sollten die Strukturen möglichst einfach sein. Was du nicht in ein paar Sätzen erklären kannst, macht es schon kompliziert. Außerdem sollte sich alles im Dialog, im Austausch entscheiden. Was heute richtig ist, ist morgen vielleicht überholt. Aber da reicht es auch, einmal im Jahr ein Treffen zu machen, um genau solche Fragen zu klären.

Sie brauchen Menschen, die die Gemeinde als Ansprechpartner auf Kurs halten. Orientieren Sie sich am Beispiel der Ältesten in der Urkirche. Diese weisen Männer und Frauen halten ein Auge aufs Gemeindeleben. Sie müssen auch nicht alt sein. Gerade die jüngeren Menschen wissen oft viel besser, wie sie sich eine sinnvolle Zukunft vorstellen.

Ein wichtiges Thema ist das Geld. Ich habe in meinen Anfängen außerhalb des Priesterdienstes gute Erfahrungen mit der Bereitschaft zur finanziellen Unterstützung gemacht. Das kann über Spenden funktionieren oder indem Dinge ausgeliehen und Räume bereitgestellt werden. Muss ein Raum kostenpflichtig gemietet werden? Dann müssen die Teilnehmer vor einer Veranstaltung einen entsprechenden Beitrag bezahlen. Gibt es den Wunsch, jemanden hauptamtlich einzusetzen? Dann muss auch hier eine Gemeinschaft die Bezahlung klären. Viele freikirchliche Gemeinden handhaben es schon seit langem so, dass sie aus den Abgaben ihrer Mitglieder hauptamtliche Mitarbeiter bezahlen. Der Wanderprediger der Urkirche hat dessen Mitgliedern Kosten verursacht, sei es zumindest für Unterkunft und Verpflegung. Wenn Sie also an einer neuen Gemeindestruktur arbeiten und sich Know-how dazu holen, sollten Sie auch das bedenken.

Mir ist bewusst, dass der Aufbau eines solchen neuen Gemeindelebens sehr ambitioniert klingt. Für viele vielleicht auch weltfremd. Insbesondere, wenn man daran denkt, wie sehr sich die Gesellschaft säkularisiert hat und wie ausdifferenziert die vielen verschiedenen Mitwirkungsmöglichkeiten am gesellschaftlichen Leben sind. Gestern war es nur der Klimaschutz, heute kommt wieder wie früher die Friedensbewegung dazu. Und wer weiß, womöglich kommt bald eine Initiative gegen Vereinsamung. Da wirken Glaube und Spiritualität wie aus der Zeit gefallen. Trotzdem weiß ich und wissen Sie, dass es die großen Fragen des Lebens gibt und dass sie im Glauben einen guten Platz haben.

Nehmen Sie doch als Ermutigung für einen Neubeginn im urkirchlichen Sinne mein Beispiel: Für mich ist die Verkündung der Liebe Gottes, das heißt der Reich-Gottes-Botschaft, der integrale Bestandteil meines Lebens. Menschen spüren, was es mir bedeutet. Das hat erkennbar Anziehungskraft – die geistigen Angebote, die ich seit meinem Ausscheiden aus dem Priesterdienst mache, werden von vielen Menschen sehr gut angenommen. Ich bin also ein gutes Beispiel dafür, dass sich auch in unserer Zeit etwas Neues rund um den christlichen Glauben aufbauen lässt. Inzwischen treffen wir uns einmal im Monat zum Gottesdienst, und es kommen viele Menschen.

Bei manchen werden sich an dieser Stelle die Zehnägel kräuseln oder es wird eine Wut aufkommen. Der Laufmöller ruft zur Bildung von Sekten auf, wird mancher denken. Das tue ich nicht. Was ist eine Sekte? Meistens eine neue Glaubensgemeinschaft, die sich von der Mutterreligion abspaltet. Das will ich ausdrücklich nicht. Bleiben Sie katholisch. Bleiben Sie evangelisch. Bleiben Sie von mir aus auch ein zwar getaufter, aber aus der Kirche ausgetretener Christ. Aber suchen Sie einen Weg, den Glauben in Gemeinschaft zu leben, anstatt einfach das Glaubensleben zu beenden. So wie es in Deutschland millionenfach passiert. Daraus eine Abspaltung, eine neue religiöse Bewegung zu machen, die womöglich auch noch glaubt, alles besser zu wissen, davor warne ich. Beschränken Sie sich auf das Glaubensleben in der Liebe Gottes, wie Sie es vor Ort in ihrer Gemeinschaft für richtig halten. Zum Beispiel so, wie es die Frauen von Maria 2.0 in Nieder-Olm machen. Einfach als eigene Gemeinde, die sich schlicht nichts mehr von der Obrigkeit sagen lassen will.

Ich höre von einigen: „So etwas Revolutionäres möchte ich aber gar nicht. Ich möchte nur irgendwo hingehen, an einem Gottesdienst teilnehmen." Das verstehe ich, das ist zutiefst menschlich. Das neue Aufbauen ist unbequem, vielleicht auch gar nicht nötig. Denn von anderen höre ich oft: „Bei mir ist es aber doch gar nicht so schlimm, wie alle über die Kirchen sagen. Meine Gemeinde ist lebendig, ich fühle mich wohl. Wir haben alle Freiheiten." Das ist wunderbar. Ich freue mich mit. Was ich aber beiden sagen will, den etwas Bequemen und den Zufriedenen: Es wird nichts besser werden in euren Kirchen. Dazu muss man weder Pessimist noch kritisch sein, das verraten die offiziellen Langfristprognosen der großen christlichen Kirchen. Weniger Geld, weniger Personal, all das ist schon längst bekannt. Es wird sich aber noch viel mehr verschärfen, und das Tempo dieses Verschärfens wird rasend. Wer das nicht sieht, hat die Augen verschlossen.

Doch solange Kirche das Modell der immer größeren Einheiten verfolgt, wird Nähe zum aussterbenden Gut. Sie haben eine Seelsorgerin oder einen Seelsorger, zu dem in der Gemeinde viele eine enge Bindung haben? Diese Situation ist in höchster Gefahr. Fragen Sie in den Gemeinden nach, wo es das schon nicht mehr gibt. Dort gibt es meist zwei Möglichkeiten: Die eine ist, sich zu grämen, zu ärgern und irgendwann wegzubleiben. Das scheint mir der Weg, den viele Bistümer hilflos oder achtlos einfach hinnehmen. Der andere Weg ist, das eigene Schicksal selbst in die Hand zu nehmen. Ich kenne Gemeinden, die schon frühzeitig damit angefangen haben, ihre Laien in spirituellen Themen fortzubilden. Da können Gottesdienste gefeiert werden, obwohl nur noch sporadisch ein Priester erscheint. Einfach, weil sich Ehrenamtliche in diesen Gemeinden die nötigen Kompetenzen in den verschiedensten Bereichen aufgebaut haben. Das passt zu der Aussage, dass wir eine neue Urkirche brauchen, und es passt auch dazu, trotz allem in den noch vorhandenen Strukturen zu bleiben, wenn man das möchte.

Ich sehe in diesen Strukturen, in denen Ehrenamtliche in bestehenden alten Gemeindestrukturen die Aufgaben übernehmen, ganz viel Urkirchliches. Das fängt niederschwellig in der Praxis an. Jugendliche und junge Erwachsene, die eine Freizeit vorbereiten, treffen sich privat. Meistens schon deshalb, weil niemand mehr da ist, der ihnen einen Schlüssel fürs Pfarrheim geben kann. Im Privaten planen sie die Fahrt und auch deren spirituelle Elemente. So stelle ich mir auch die Anfänge in der Urkirche vor. Man traf sich in einem Haus, und man wird sich sicherlich auch ganz allgemein miteinander ausgetauscht haben. Aber als das besondere Element wurde über den Glauben gesprochen oder der Glaube gelebt, durch tätige Nächstenliebe und in vielfältigen und selbstgestalteten Gottesdiensten. So kann es auch heute wieder werden.

Viele junge Menschen kennen das, weil in vielen Gemeinden ausgerechnet die Kinder- und insbesondere die Jugendarbeit als Erstes zu einer Brache wurde. Ich weiß nicht warum. Vielleicht aus Angst vor der Geschwindigkeit, mit der die Jugend den Umbau der Gesellschaft begleitet, sei es beim Klimaschutz, sei es bei gendersensibler Sprache. Das hohe Tempo dieser Digital Natives scheint manchen Erwachsenen zu überfordern. Das Modell, dass die Jugend selbst macht und nicht viel von Hauptamtlichen wissen wollte, gab es schon immer. Auch bei mir in St. Stephanus schrie die Jugend nicht nur Hurra, wenn ich als Pfarrer auftauchte. Ich musste lernen, ihr Autonomiestreben zu respektieren. Das war heilsam. Es ist aber etwas anderes, ob ich Jugendlichen Verantwortung übertrage und sie machen lasse, oder ob ich sie ganz allein lasse. Bei Letzterem stirbt die Jugendarbeit aus. Das ist die Situation, die gerade in Städten viele Gemeinden kennen. Wie Ehrenamtliche das verhindern können? Drücken Sie sich nicht vor der Verantwortung. Schaffen Sie selbst Nähe und Ansprechpartner. Es muss eine Jugendbeauftragte oder ein Jugendbeauftragter aus den Reihen der Erwachsenen her, ganz einfach. Das ist ein Zeichen der Wertschätzung für die Jugend: Passt auf, wir sehen euch. Und das nicht als Drohung ausgesprochen, sondern als ehrlich und ernst gemeinte Nähe und, wenn erwünscht, auch als Unterstützung. Außerdem hilft es, wenn im jugendlichen Überschwang mal etwas misslingt. Das kann man dann auf der Basis des gewachsenen und gegenseitigen Vertrauens gemeinsam lösen, vielleicht sogar mit Humor. Das wäre der Idealfall.

Das Thema Jugend ist nur ein kleines Beispiel für die Herausforderungen eines urkirchlich geprägten neuen Gemeindelebens. Jugendarbeit wird in ihrer Ausprägung immer konkret von der Situation vor Ort abhängen. Ich finde, das Thema Jugend steht aber beispielhaft für den Bedarf, die Dinge selbst in die Hand zu nehmen. Lässt du die Jugendarbeit sterben, fehlen dir die Glaubenserlebnisse in jungen Jahren, von denen viele Erwachsene noch Jahre später zehren. Wenn ich jungen Menschen einen Impuls mitgebe, sage ich ihnen: Fangt doch einfach im Kleinen an. „Wo zwei oder drei in meinem Namen versammelt sind“, das ist der Leitfaden. Dann können sie ein Buch zur Hand nehmen, ein Thema diskutieren. Das verbindet. Das Ziel ist doch, die Menschen wieder zusammenzuführen. Und das geht am einfachsten über das Gespräch und das Feiern.

So geht es mir auch als Erwachsenem. Ich komme dem anderen näher, wenn ich ein echtes Thema bespreche und mich nicht allein im Small Talk verliere. Wenn ich jemanden habe, mit dem ich über den Glauben und die wirklichen Fragen des Lebens sprechen kann, ist das ein guter Anfang, um etwas neu zu beginnen. Nehmen Sie die beliebte Fernsehjournalistin Sandra Maischberger. In einem Podcast des Journalisten Paul Ronzheimer erklärte sie, warum sie wieder in die evangelische Kirche eingetreten ist. „Ich habe angefangen, an diese Kirchengemeinde zu glauben und an die Arbeit, die sie leisten.“ Frau Maischberger fühlte sich durch die Jugendarbeit und den Umgang mit der Kunst in dieser Kirche inspiriert. Vielleicht schauen Sie sich auch einfach ohne Scheuklappen in ihrer Umgebung um, ob Sie eine Gemeinde finden, die irgendetwas hat, was Sie anspricht und inspiriert. Am einfachsten ist immer eine Gemeinde in der näheren Umgebung. Einfach, damit man sich mit anderen Gemeindemitgliedern auch über den Weg läuft.

Sich begeistern zu lassen, auch von einer bestehenden Gemeinschaft, ist ebenfalls etwas zutiefst Urkirchliches. So ist Kirche in ihren Anfängen gewachsen. Wenn Sie sich für diesen Weg entscheiden und in einer bestehenden Gemeindestruktur mitmachen wollen, kann das der richtige Weg sein. Vielleicht ist es auch der einfachere Weg – und dann sind Sie der neue Wein für die alten Schläuche. Ihre Herausforderung wird insbesondere in einer katholischen Struktur sein, sich nicht von der Hierarchie hineinreden zu lassen. Das wird die schwierigste Herausforderung, darin liegt das Konfliktpotential. Leider!

Sie sollten sich das rechtzeitig vergegenwärtigen: Mit einer nicht zu vernachlässigenden Wahrscheinlichkeit werden Sie in Ihren katholischen Gemeinden in den kommenden Jahren auf Priester stoßen, mit denen kein Gemeindeleben zu machen ist. Das sage ich, das sagt aber vor allem Professor Matthias Sellmann, der Direktor des Zentrums für Pastoralforschung in Bochum. In der Priesterstudie der Deutschen Bischofskonferenz stellte er fest, dass die Erwartungen der neuen Priester an ihre Amtsausübung im totalen Gegensatz zu den Erwartungen der Gemeinde stehen. Wörtlich sagte Sellmann: „Die jungen Priester laufen in das ‚offene Messer‘ normaler Gemeindesituationen in Deutschland.“ Jetzt haben Sie als Gemeinde zwei Möglichkeiten. Sie können es hinnehmen, dass ein konservativer Pfarrer kommt, der nur seine liturgische Erfüllung im Sinn hat, aber nicht die Menschen. Oder Sie wehren sich, verweisen selbstbewusst auf das, was Ihre Gemeinde ist und kann. Und Sie bestehen darauf, wie es nach Auffassung Ihrer Gemeinde zu sein hat. Im besten Fall ist der junge Priester noch formbar und versteht, wie der Hase läuft. Im schlechtesten Fall müssen Sie ihn machen lassen, machen aber weiter auch ihr eigenes Ding. Das ist nicht schön, aber es ist die einzige Möglichkeit.

Gibt es Alternativen, Hoffnung auf eine ganz andere Entwicklung? Nicht wirklich, zumindest nicht nach den Zahlen. Denn die Prognosen der evangelischen und katholischen Kirche erwarten einen stetigen Rückgang der Kirchenmitgliederzahlen und damit auch einen Rückgang der Einnahmen. Glaubt jemand, dass dann viel Geld für Personal vorhanden ist? Dass Pastoral- oder Gemeindereferenten noch vor Ort sind, die ein Gegengewicht zum immer konservativer werdenden Klerus bilden können? Genau, diese rhetorischen Fragen lassen sich nur mit Nein beantworten. Damit stehen auch diejenigen, die in ihren Gemeindestrukturen bleiben wollen, vor unbequemen Fragen. Sie können mit sich machen lassen, also sich vorsetzen lassen, was von oben entschieden wird. Oder Sie ergreifen urkirchlich die Initiative und gestalten selbst. Dann aber bitte mit dem Selbstbewusstsein, sich nicht vom Klerus hereinreden und alles mühsam Aufgebaute kaputt machen zu lassen.

20. Quo vadis, ecclesia?
Quo vadis, Thomas?

Die Kirche hat ihre Schönheit verloren, das habe ich mehr oder minder als roten Faden darzustellen versucht. Aber es gibt Möglichkeiten, den Glauben in seiner ganzen Schönheit zu leben und zu erleben – das ist mein zweiter, viel entscheidenderer und spannenderer roter Faden. Denn ich wache fast jeden Morgen mit unbändiger Vorfreude auf den Tag, auf das Leben auf. Deshalb wäre es so schade, jetzt einfach einen Schlussstrich zu ziehen. Sich abzuwenden. Bitter zu werden. Ich bin aufrecht aus der Enge der Kirche herausgetreten, die mir keine Luft mehr zum Atmen ließ. Gesprungen bin ich in das Wagnis der Freiheit.

Der Weg in die Freiheit muss oft mühsam erkämpft werden. Durch meine Entscheidung, mich von der Institution Kirche zu lösen, verliere ich nicht nur ein hoch dotiertes Gehalt, sondern auch einen Großteil meiner Pensionsansprüche. Aber was nützt das ganze Geld, wenn die Seele und das Herz dabei auf der Strecke bleiben. Meine Seele strecke ich jeden Tag Gott entgegen. Ich fühle mich von ihm getragen. ER macht mir Mut, und durch das Leben Jesu finde ich Freude, Zuversicht und Kraft. ER ist mir zum Vorbild geworden. In einem Lied heißt es: „In der Mitte der Nacht liegt der Anfang eines neuen Tages." Mit dem Geist Jesu neu anfangen im tiefen Vertrauen bedeutet: Es wird gut. So möchte ich leben. Mich trägt das Wort: „Nur wenn der Mensch sich in die Hand des letzten, das heißt in die Hand Gottes, hineinfallen lässt, vermag ihn die Hand des vorletzten nicht zu erdrücken." Welch ein kraftvolles Wort. Ich finde, es stimmt. Es kommt darauf an, sich zu trauen, etwas zu wagen, so wie es in dem Lied von Gregor Linßen heißt: „Wagt euch zu den Ufern, stellt euch gegen den Strom."

Stellen Sie sich das Bild eines Flusses vor. Wenn ich zur Quelle kommen will, dann muss ich gegen den Strom schwimmen. Nur tote Fische schwimmen mit dem Strom. Ich habe für mich festgestellt, dass der Glaube mir unendlich viel Freude und Kraft für mein Leben gibt. Aber der Glaubensstrom, den die Kirche vorgibt, ist nicht mehr meiner. Deswegen habe ich mein Amt zurückgegeben. Die Richtung meines Lebens lege ich nach wie vor vertrauensvoll in die Hände Gottes. Ich spüre seine Nähe, ich erfahre sein Mitgehen und halte mich fest an dem Wort: „Ich bin der Weg." Und das ist mehr als ein Wegweiser!

In der manchen vielleicht bekannten Geschichte „Der Seiltänzer" (eine in der Firmvorbereitung beliebte Geschichte) wird erzählt, wie ein Hochseil in einer Stadt von einem Haus zum anderen gespannt wird. Ein Artist zeigt herrliche Kunststücke, und die Menge ist begeistert. Zuletzt schiebt er eine Schubkarre über das Seil, erst Totenstille und dann tosender Beifall. Dann fragt der Artist die Menge: „Glaubt ihr, dass ich es auch schaffe, diese Schubkarre auf dem Seil zurückzuschieben?" Wieder erschallt tosender Beifall. Daraufhin fragt der Artist eine untenstehende Person, die so begeistert jubelte: „Sie da unten, trauen Sie mir wirklich zu, die Karre zurückschieben zu können?" „Selbstverständlich", antwortet diese. „Dann kommen Sie doch hoch und setzen Sie sich in die Karre." Der Mann sackte zusammen und entgegnete: „Nein, so war es nicht gemeint."

So geht die Geschichte übrigens weiter: Da meldet sich ein kleiner Junge. „Ich setze mich in den Karren", ruft er. Die Menschen sind unruhig, wollen ihn davon abhalten, doch zu spät. Der Junge setzt sich in die Schubkarre, der Seiltänzer beginnt seinen Weg, das Seil schwankt, der Wind pfeift. Doch Schritt für Schritt läuft der Seiltänzer über das Seil. Als er am anderen Ende ankommt, jubeln die Menschen ihm zu, klatschen, sind begeistert. Und der Junge wird gefragt: „Hast du denn gar keine Angst gehabt?" „Nein", antwortet der Junge, „warum auch? Der Seiltänzer dort, das ist ja mein Vater!"

Ich möchte mich mehr und mehr in die „Karre des Lebens“ hineinlegen, möchte getragen und geschoben werden von der Liebe Jesu Christi. Sein Geist weht, wo er will. Und wenn ich mich hineinnehmen lasse in das Wehen dieser Liebe, wird mein Leben gelingen. Das ist und bleibt mein tiefster Lebensimpuls und ich hoffe, dass er mich mein Leben lang trägt und begleitet.

Ich möchte fortan als freier Seelsorger meinen Weg gehen, Aufgaben wahrnehmen, Menschen begleiten, den Glauben feiern. Nicht mehr im Auftrag der katholischen Kirche oder einer anderen Institution, sondern in großer Freiheit mit den Menschen, die diesen Weg mitgehen wollen. Ich werde nicht aufhören, durch die vielen wunderbaren Gleichnisse und Botschaften Jesu sein Leben und damit die Reich-Gottes-Botschaft mit Leidenschaft zu verkünden.

Was das heißt? Ich erläutere es Ihnen gerne anhand der Parabel „Eine kaiserliche Botschaft“ von Franz Kafka. Kafka ist einer der Dichter, die mich bis zum heutigen Tag mit am meisten berühren. Der Text ist nicht direkt eingängig, ich versuche ihn aber im Nachgang zu erläutern. Für mich steckt sehr viel Kraft in dieser Parabel, sehr viel Parallelität zu den großen Problemen der Kirchen. Der Text geht wie folgt.

„Der Kaiser – so heißt es – hat dir, dem einzelnen, dem jämmerlichen Untertanen, dem winzig vor der kaiserlichen Sonne in die fernste Ferne geflüchteten Schatten, gerade dir hat der Kaiser von seinem Sterbebett aus eine Botschaft gesendet. Den Boten hat er beim Bett niederknien lassen und ihm die Botschaft ins Ohr zugeflüstert; so sehr war ihm an ihr gelegen, dass er sich sie noch ins Ohr wiedersagen ließ. Durch Kopfnicken hat er die Richtigkeit des Gesagten bestätigt. Und vor der ganzen Zuschauerschaft seines Todes alle hindernden Wände werden niedergebrochen, und auf den weit und hoch sich schwingenden Freitreppen stehen im Ring die Großen des Reichs –, vor allen diesen hat er den Boten abgefertigt. Der Bote hat sich gleich auf den Weg gemacht; ein kräftiger, ein unermüdlicher Mann; einmal diesen, einmal den andern Arm vorstreckend, schafft er sich Bahn durch die Menge; findet er Widerstand, zeigt er auf die Brust, wo das Zeichen der Sonne ist; er kommt auch leicht vorwärts, wie kein anderer. Aber die Menge ist so groß; ihre Wohnstätten nehmen kein Ende. Öffnete sich freies Feld, wie würde er fliegen, und bald wohl hörtest du das herrliche Schlagen seiner Fäuste an deiner Tür. Aber stattdessen, wie nutzlos müht er sich ab; immer noch zwängt er sich durch die Gemächer des innersten Palastes; niemals wird er sie überwinden; und gelänge ihm dies, nichts wäre gewonnen; die Treppen hinab müsste er sich kämpfen; und gelänge ihm dies, nichts wäre gewonnen; die Höfe wären zu durchmessen; und nach den Höfen der zweite umschließende Palast; und wieder Treppen und Höfe; und wieder ein Palast; und so weiter durch Jahrtausende; und stürzte er endlich aus dem äußersten Tor – aber niemals, niemals kann es geschehen, liegt erst die Residenzstadt vor ihm, die Mitte der Welt, hochgeschüttet voll ihres Bodensatzes. Niemand dringt hier durch und gar mit der Botschaft eines Toten. – Du aber sitzt an deinem Fenster und erträumst sie dir, wenn der Abend kommt."

Diese Parabel ist eine Metapher für ein hierarchisches System, das sich als undurchdringliches Hindernis zwischen den Menschen und seine Bestimmung schiebt. Der mäandernde Weg, den der Bote durchläuft, weist auf die verschlungenen Kanäle bürokratischer Systeme hin, die Kafka aus seinem Beruf als Versicherungsjurist sehr vertraut waren. Das ist aus meiner Sicht sehr anschaulich auf die Strukturen der katholischen Kirche und ihre seelsorglichen Aufgaben übertragbar, zu einem großen Teil auch auf die Strukturen der evangelischen Kirchen.

Der letzte Satz: „Du aber sitzt an deinem Fenster und erträumst sie dir, wenn der Abend kommt" ist eine schwärmerische, sehnsüchtige Umschreibung, die der Emotion im Zusammenhang mit dieser Botschaft nicht ganz adäquat erscheint. Er assoziiert das Bild einer am Fenster stehenden Rückenfigur, die vergeblich auf die

Entschlüsselung der Textbotschaft wartet. Ich möchte diesen Satz mit meinen Worten auf die heutige pastorale Situation übertragen:

Meine Sorge ist nicht die Institution Kirche, sondern, dass die Botschaft Jesu verschwindet, weil sie nicht mehr erzählt, nicht mehr weitergegeben wird. Gott ist nicht tot, auch wenn Friedrich Nietzsche das behauptet. Die Sehnsucht nach Segen und Heil lebt in jedem Menschen und somit auch die Sehnsucht nach Gott. In der kaiserlichen Botschaft von Franz Kafka wird erzählt, dass der Bote nicht durchkommt, dass es zu viele Hindernisse gibt. Niemand dringt hier durch und erst recht nicht mit der Botschaft eines Toten. Du aber sitzt an deinem Fenster und erträumst sie dir, wenn der Abend kommt. Du träumst von Segen und Heil. Ich möchte als Seelsorger mit meinen begrenzten Möglichkeiten, aber auch mit Freude und meiner jahrzehntelangen Erfahrung mithelfen und unterstützen, dass diese lebenserfüllende Botschaft Jesu nicht durch die institutionellen Strukturen der Kirche gebremst, vielleicht sogar erstickt wird. Ich möchte auch, dass sie nicht nur erträumt wird. Ich möchte und wünsche mir, dass diese Botschaft gehört und im Leben erfahrbar wird.

Ich möchte niemals aufgeben. Ich möchte damit immer weitermachen bis an mein Lebensende. Ich möchte nicht, wie der Bote, resignieren, weil es sich anscheinend nicht lohnt, weil es zu mühsam, weil es aussichtslos ist – die große Menge, die vielen Räume, die lange Treppe, die unzähligen Paläste.

In der Vorbereitung, Gestaltung und Durchführung von Familienwochenenden werde ich versuchen, die christlichen Werte zu vermitteln und mit den Menschen in einen lebendigen Dialog zu treten. Auf diese Weise möchte ich mit den Menschen erfahren, wie wertvoll und hilfreich die christlichen Werte auch heute noch sind. Ich möchte deutlich spürbar machen, dass der erfahrbare, gelebte, lebendige Glaube das eigene Leben bereichert, mit Freude erfüllt und ein Strahlen ins Herz legt, das auch und besonders in den schweren und traurigen Momenten des Lebens trägt. Wenn ich von verschiedenen Schulen angefragt werde, Gottesdienste zu feiern oder Klassengemeinschaften zu stärken und zusammenzuführen, bin ich zur Stelle und unterstütze gern. In traurigen Situationen des Lebens stehe ich den Menschen stärkend und aufrichtend zur Seite, begleite sie auf diesem schweren Weg ihres Lebens, gestalte Beerdigungs- und Abschiedsfeiern und gebe Impulse der Hoffnung. Ich werde – wie ich es schon seit Jahren getan habe – Trauerseminare anbieten. Dadurch gelingt es, Menschen, die sich in ähnlichen Situationen befinden, miteinander in Kontakt zu bringen und sich gegenseitig zu unterstützen. Durch meine jahrzehntelange Erfahrung mit Trauernden werde ich diesen Austausch gezielt verstärken.

Ich werde als Bote, wie Kafka ihn nennt, nicht aufhören, Gesprächsabende zu verschiedenen anthropologischen und theologischen Fragen gut vorzubereiten, und auch hier mit den Menschen in den Austausch gehen. Meine Gedanken und Impulse will ich auf diese Weise diskutieren, hinterfragen, um sie zu vertiefen. Wenn wir fragen, was den christlichen Glauben auszeichnet, dann ist es doch die Liebe. Jesus von Nazareth, der absolut Liebende, ging uns voran. Wie kein anderer war er erfüllt von der Liebe Gottes. So werde ich liebende Menschen bei der Trauung segnen. Segnen heißt: „benedicere" – etwas Gutes sagen und geschenkt bekommen. Unsere Liebe füreinander wird verstärkt durch den Segen Gottes, dessen Liebe alles, was wir uns vorstellen können, übersteigt. Welch ein Segen! Nicht wenige Eltern möchten heute ihr Kind nicht mehr taufen lassen, weil sie es nicht in die Institution Kirche geben wollen. Sie möchten aber ihr Kind unter den Segen Gottes stellen. Dafür bin ich da und bereite mit den Eltern und ihren Familien tiefe und Gemeinschaft stiftende Segensfeiern vor.

Beim Einzug in ein neues Heim, vor wichtigen Prüfungen, vor neuen Lebensabschnitten und anderen Ereignissen, die die Menschen selbst für sich erkennen, möchte ich die Menschen unter den Segen Gottes stellen, wenn sie es möchten – Segnungsfeiern auf dem Weg durch die Zeit.

An diesen Beispielen erkennen Sie, wie viel Raum es für die Liebe zu den Menschen gibt. Ich bin nun losgelöst von den kirchlichen Strukturen, die in der Vergangenheit immer mehr in den Vordergrund gerückt sind und die eigentliche Seelsorge mit und an den Menschen zurückgedrängt haben. Man muss wissen und entscheiden, wie und wofür man seine Zeit investieren will.

Entscheidend ist auch, dass wir das Leben und den Glauben feiern. Für diese Feier werde ich in weltlichen Räumen – wenigstens einmal im Monat – regelmäßig zur Feier der Liebe Gottes und des Lebens einladen.

„Unser Leben sei ein Fest, Jesu Geist in unserer Mitte", diese Worte aus einem neuen geistlichen Lied trage ich in meinem Herzen und lebe daraus. Wie wunderbar, dass sich immer wieder Menschen finden, die das so spüren und in sich tragen wie ich. So kommen wir zu einer lebendigen Gemeinschaft zusammen, der der Glaube und das Leben zu einer großen Kostbarkeit geworden sind. Das, was mich im Innersten berührt, möchte ich doch teilen, mit den Menschen, die mich verstehen, die mich wertschätzen, denen ich mich mit den tiefen und entscheidenden Fragen meines Lebens anvertrauen kann. Wie viel Lebensfreude und Zuversicht werden wir aus diesen Feiern und Begegnungen ziehen? Wir werden es sehen. Ich bin überzeugt, sie werden zum Segen für jeden Einzelnen werden, für die feiernde Gemeinschaft und für unsere Gesellschaft.

Woraus gewinne ich diese Haltung? Woher nehme ich diese Kraft?

Aus dem Geist Jesu Christi, der weht, wo er will. Als geistlicher Mensch möchte ich innehalten und dann kraftvoll und dynamisch den Weg der Nachfolge gehen, den Weg des Glaubens, der Hoffnung und der Liebe. Der Geist Jesu Christi weht, wo er will. Ich will ihn auffangen, ihn an meine Seele und mein Herz lassen und von dem erzählen, was ich aus dieser Liebe alles geschenkt bekommen habe und bekomme.

Ich habe damit schon angefangen. Ich begleite Menschen in den verschiedenen Phasen ihres Lebens, besonders auf ihrem letzten Weg. Ich feiere mit ihnen Gottesdienste in Räumlichkeiten, die Menschen mir zur Verfügung stellen. Und es gelingt. Immer wieder finden sich Menschen, die sich nach dieser Gemeinschaft im Glauben sehnen und die ihre Zeit in diese Gemeinschaft investieren und sie an sie verschenken. In den vielen Jahren der Firmkatechese hat mich ein Lied begleitet: „Fang mit mir von vorne an, wirklich ganz von vorne an, geh mit mir den ersten Schritt noch einmal. Auch wenn ich nicht begreifen kann, dass ich immer noch nicht weiter bin, fang mit mir noch einmal ganz von vorne an."

Diesen Anfang wage ich nun in Freude, und ich danke schon jetzt den Menschen, die mit mir diesen Weg gehen. Ich bin überzeugt, dass der Geist Jesu Christi uns alle mit Mut, Freude und Zuversicht erfüllen wird, wenn wir der Liebe folgen, die von ihm ausgeht.

Danksagung

Mein besonderer Dank gilt meinem Freund Ralf Isermann, der die wunderbare Idee für dieses Buch hatte und sie zusammen mit mir begeistert und dynamisch in die Tat umsetzte. Danke, Ralf, für diese erfüllende und bereichernde Zeit.

Mein besonderer Dank gilt auch meiner Familie und meinen engsten Freunden und Weggefährten, die mich beim Schreiben dieses Buches in so vielfältiger Weise liebevoll, ermutigend und stärkend unterstützt haben.

Textnachweis

S. 159: Johannes Leue und Kai Koch: Dein Geist, Gott, spricht oft leise © Strube Verlag GmbH, München